田坂廣志——著　龔婉如——譯

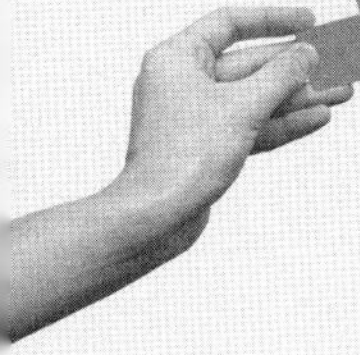

#運氣是可以鍛鍊的

運気を磨く 心を浄化する三つの技法

工學博士37年親身實證！
淨化心靈的3大技術

目錄

第三章 爲什麼坊間改變意識的方法無法發揮效果？

第四章　心靈淨化法①

修正習慣，淨化無意識裡的負面想法

第五章　心靈淨化法②

重新詮釋，翻轉人生的負面經驗

自序

不科學，但人人都相信的事

正在閱讀《運氣是可以鍛鍊的》的各位，你相信有「運氣」嗎？

目前科學還沒有辦法證明運氣這件事。即使是最先進的科技，也無法證明運氣是否存在；就算運氣確實存在，科學目前也無法說明它存在的原因。

即使如此，在人類數千年的歷史、在廣闊的世界之中，每一個人都相信運氣真的存在。

這或許就是運氣不可思議的一面吧。

即使不說出口，許多人仍相信運氣的存在，所以連續發生不好的事情時會說「運氣不好」，接連發生好事時會說「運氣變好了」這樣的話。

所謂「禍不單行」，意思就是心靈較脆弱，或是想法較負面的時候，不好的事情就會接二連三發生；相反地，也有句話是「斷而敢行，鬼神避之」，只要一個人的心智夠堅強、抱持正面的想法，即使是看似壞運的事也會變成幸運。

人類有史以來，不論東西方都有許多人有過類似的感覺，而這也超越科學的見解，使每一個人都確實感覺到運氣的存在。

正因如此，**古今中外有無數書籍教導人們如何提升運氣，以及招好運的各種方法**。

說不定你也曾看過這類書，可能還試過書裡介紹的方法。

只可惜，古今中外那麼多人讀了這些書、試過裡頭的方法，卻多半覺得不太有用；同時也有許多人覺得，這些書對於提升運氣或招好運並沒有太大的效果。

爲什麼呢？其實是有原因的。

無法招來好運的眞正原因

坊間的方法都告訴我們，只要心中充滿正面想法，就能吸引正面的事物，招來好運。

這樣的想法絕非錯誤，但事實上就算我們努力想將正面想法帶進心中，內心深處卻早已充斥負面想法，正面的仍占少數，根本無法消除負面想法；甚至就算我們試著把正面想法帶進心裡，早已存在的負面想法還是會蓋過正面的部分。

更大的問題是，即使我們希望心中充滿正面思考，但因爲內心世界具備一種奇特的特質，這麼做反而會讓內心深處產生**負面想法**。

因此，如果眞心希望招來好運，最重要的就是必須在正面想法充滿內心之前，**先將心中無數的負面想法釋放出來**。

而且在**將正面想法帶進心中的同時，還必須採取一種不會在內心深處引發**

負面思考的聰明方法。

那麼，到底該怎麼做，才能消除心中的負面想法呢？

該怎麼做，才能更正面呢？

本書將為各位說明這些方法，而且是與坊間完全不同的方法。

這個方法**超越了將事物分離為正面想法與負面想法的對立關係，可以在心中實現「最高境界的正面想法」**。

這麼說或許容易產生誤解，但先前也提過本書並不是以超自然的觀點來介紹運氣的相關問題。這並不是一本反科學、神祕主義觀點的書籍。

多年來，我在大學工學院裡做研究，接受科學教育，因此基本上都是抱持著唯物論的觀點進行研究。

我個人不隸屬任何宗教團體，也不相信神祕主義。

但在我六十八年的人生經驗中，卻經歷過多次不得不歸功於運氣的事情，也因此我絕不是不承認有運氣的人。

例如，當人生面臨重大選擇時，腦中突然閃過彷彿上天旨意般的**直覺**，而這個直覺後來帶領我做出正確的選擇；或是不知爲何突然有種不可思議的感覺，順著這個預感去行動後，便成功避開某種大災難；或是在非常重要的工作場合中，偶然獲得當時最想得到的訊息；或者在某些聚會中，正巧坐在隔壁的人爲我牽線，使我獲得超乎預期的社會價值。

本書將依序爲大家介紹幾個類似的例子。我具備科學研究的背景，如果**運氣眞的有科學依據，我希望能釐清其中的眞相**——本書就是以這樣的角度爲各位介紹運氣的「科學假說」。

本書會特別針對現代科學最先進的量子力學領域中，各家學者討論最多的**「零點能量場假說」**進行介紹。

此外，在相信運氣確實存在的前提下，本書會以這些科學假說爲基礎，介紹一些在生活中吸引好運的方法。

我會特別介紹自己多年來實踐的三個方法：

①修正人生中的習慣
②改變對人生的詮釋
③參透對人生的覺悟

相信運氣且希望提升運氣的大家，希望本書能在你開創人生時助你一臂之力。

先簡單說明至此，接著就讓我們進入主題吧。

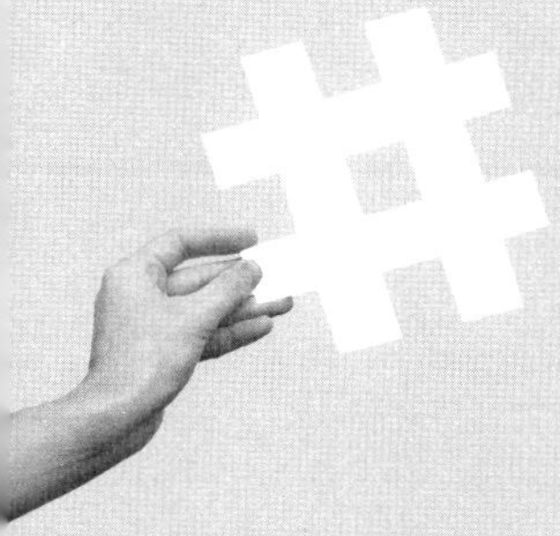

第一章

招來好運的唯一條件

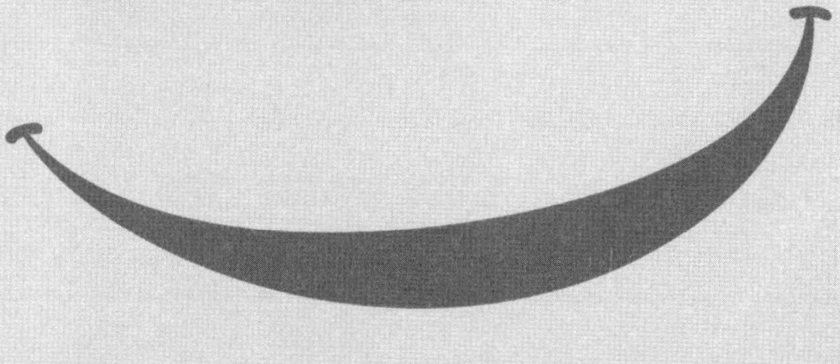

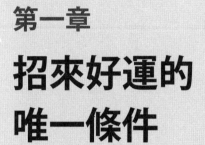

話說回來，運氣到底是什麼呢？你認為運氣是怎樣的東西？

我想先釐清這件事。

好運的五種表現形式

首先，是腦中閃過**直覺**。

像是猜拳或俄羅斯輪盤這類遊戲，要出剪刀、石頭或是布，要賭紅色或黑色、要賭哪一個數字的準確直覺，就是好運的一種表現方式。換句話說，也可以看作是直覺或第六感發揮了作用。

第二是**預感成眞**。

當人生或工作面臨重大抉擇，我們心中會浮現類似「之後應該會這樣吧」或是「選這條路應該比較好吧」的預感。如果我們順從預感，而事後發現這些選擇是正確的，這也是好運的表現。

另外還有一種不好的預感，能讓我們避開某些行動、閃避某些厄運，這時我們也會說自己避開了不好的運氣。

第三是**掌握良機**。

以足球比賽爲例，球已經到了球門前、雙方搶成一片的混亂之際，突然發現球滾到自己腳邊並順利射門得分。掌握這個偶然發生的良機（機會），也是好運的一種表現。

就像「Right Time, Right Place」這句英語所說的，身處於「必要的時機」與「必要的場合」也是好運的表現。

第四是**發生共時性現象**。

共時性（synchronicity）是指無法用因果論解釋的「有意義的巧合」。在絕佳的時機點發生共時性現象，也是好運的表現。

例如，當我們正想著「希望獲得某些訊息」時，就剛好在閱讀的雜誌上讀到，這也是一種好運的表現。

第五是**感覺到聚合現象**。

聚合現象（Constellation）源自英語「星座」。抬頭欣賞夜空時，會發現天上的每一顆星彼此之間原本毫無關聯，但我們卻能從星星之間的配置感受到不同的意義與故事性，為星星冠上獵戶座或天蠍座等星座名稱。

同樣地，所謂感覺到聚合現象，是指人生中乍看無關聯的際遇或邂逅，卻能讓人從中感覺到某種意義和故事性；而當我們根據其中蘊含的意義和故事性進行選擇或行動時，就會被引導到好的方向，這也是好運的一種表現。

以上對於聚合現象的說明或許還不夠明確，再舉幾個具體例子說明。

假設某天早上你不經意看著電視，節目裡討論的高齡化社會問題讓你留下印象。之後你出門上班，看到宣導環保議題的非營利組織人員在車站前發傳單，他們精神抖擻的表情似乎讓你感覺到什麼。走進電車後，車廂裡一幅雜誌廣告上斗大的「人生百年時代」字樣映入眼簾。

經歷了一連串的情境，走進公司之後，人事把你叫去，沒想到居然是請你考慮辦理優退。突如其來的通知讓你措手不及，於是找了大學時代的朋友商量。

見面後，朋友問你願不願意和他一起經營高齡看護的社福事業。晚上回家後，回想這一天發生的事，你才發現早上電視裡的高齡化社會問題節目、車站前發傳單的非營利組織、人生百年時代的雜誌廣告、公司請你考慮辦理優退、朋友找你一起做生意，所有事都串連在一起。看似毫不相干的幾件事，卻像是具有某種意義似的，朋友的邀約也像是種引導。

這就是前面所說的感覺到聚合現象。

若要細究，其實運氣還有更多不同的表現方式，但本書將特別針對以「直覺、預感、良機、共時性現象、聚合現象」等五種形式所呈現的運氣，來進行論述。

人生勝利組都會提到這句令人意外的話

爲什麼運氣這麼重要呢？

在我們的人生或生活之中，能夠招來幸運事物或邂逅的好運，對任何人來說都非常重要，這一點毋須贅述。

而對於影響多數人的政治人物、企業經營者、領導者、指導教練，或是眾所矚目的運動員、專業人士、選手或靠比賽維生的人來說，**強運**是很重要的，甚至稱得上是最關鍵的資質、最極致的力量。

事實上，這些政治人物、企業經營者、領導者、指導教練的強運有時甚至可以左右國家、企業、組織的命運，爲多數人的人生帶來不可言喻的重大影響。

想到這些，我腦海中浮現了過去擔任銀行智庫董事時的主管K會長。K會長曾擔任某地方銀行總裁，也是拿過全球知名獎項「年度銀行家」的經營者。

他年輕時經歷過二戰，擔任水兵，搭乘的巡航艦被擊沉，和多名同袍在海上載浮載沉好幾天後奇蹟獲救，是一個非常強運的人。

當時我經常有機會到K會長的辦公室向他討教，面對面接受他的薰陶。有件事我一直很想請教他，某天終於有了機會。

這個疑問就是：「您擔任銀行總裁時，幾次將銀行幹部派到經營不善的客戶內部協助企業重建，這時候選擇人才的標準是什麼？」

我心中設想的是「專精財務的人」或「可以掌握人心的人」之類的答案，沒想到K會長輕吐菸圈，輕描淡寫而肯定地說出這一句話：

「那還用說嗎？當然是**強運的人**啊！」

這句話讓我留下深刻的印象。當時我心中浮現另一個疑問：「那麼您如何得知這個人的運勢強不強呢？」可惜沒有機會繼續問下去。

這已經是超過二十五年前的事情了，多年來我在經營領域打滾，現在的我已經知道答案，那就是：

曾經在人生中經歷過重大運氣轉捩點的人，
也能敏銳感受到他人運氣的強弱。

這或許就是其中一個答案。

K會長曾經在戰爭中經歷巡航艦被擊沉的運氣轉捩點，或許正因爲如此，他才能夠感受到麾下幹部的運氣。

另一方面，對於運動員或專業人士、選手或靠比賽維生的人來說，勝負原本就取決於技術與能力。但是在頂尖人才的世界裡，強運更是極其重要的條件，重要性甚至遠高於技巧與能力。

例如被稱爲傳奇打者的日本職棒選手長嶋茂雄，他最爲人津津樂道的就是「留下的並非紀錄，而是記憶」。從打擊率及全壘打數來看，許多打者的成績都優於長嶋，卻沒有人像他一樣這麼善於抓住機會。他是一個能在緊急關鍵時刻招來強運的打者。

活躍於日本足球界的本田圭佑，同樣是總能在勝負緊要關頭之際進球的選手，他也常常說自己很幸運。這句話正代表「自己具有極強的運氣」，除此之外別無他意。

總結以上可知，對政治人物、經營者、運動員或專業人士而言，運氣的強勢與否是最重要的條件。總的來說，**人生勝利組的運都很強，毫無例外**。

以下這個有趣的例子可以佐證這個觀點。

某學者曾經針對全世界成功人士的自傳和回憶錄做了一項調查。調查的對象包括政治人物、企業家、學者、研究人員、藝術家、運動員、專業人士等各種領域。這些人都是名副其實的成功人士，在他們的自傳及回憶錄中最常出現什麼形容詞呢？

這位學者原本預期成功人士應該經常提到努力、不屈不撓、提升才能、抱持信念等形容詞，沒想到調查後發現最常出現在自傳和回憶錄裡的，居然是

「偶然、沒料到、碰巧、很幸運地」等描述好運的說法。

就像這樣，這些人人眼中的成功人士，不分領域、不分職業，在人生及工作領域的各個場面，都具有無意識感受到運氣、招來好運，並且抓住絕佳時機的能力。

古今中外公認吸引好運的唯一條件

讀到這裡，相信各位心中都會浮現一個問題：

「到底要怎麼樣才能招來所謂的好運呢？」

放眼古今中外，討論運氣的書籍或文獻不計其數。每一本書裡都提到想要招來好運的話，就必須了解一個法則。

這個法則就是：

內心的狀態會招來與之共鳴的事物。

很久之前，歐美各國就流傳著**吸引力法則**（Law of Attraction）的說法，在日本則是自古以來就有「物以類聚、同類相吸」這些諺語。佛教所說的「三界唯心，萬法唯識」，也認爲眼前的一切皆是出於自己內心所現。

因此想要招來好運氣，說到底只有一個方法。

那就是**抱持正面想法**。

只要抱持著「正面想法」＝「好的想法」，就能招來「正面的事物」＝「好的事物」或「好的邂逅」，自然能招來好運氣。

雖然現代科學至今仍然無法解釋這些現象發生的原因，但還是有許多人因爲曾經有過類似招來好運的經驗，對吸引力法則深信不疑。

那麼，要怎麼做才能抱持正面想法呢？

我撰寫本書的目的，就是希望以更深的層面來探討這件事。不過在那之前，我想先回答各位心中最根本的疑問：

「爲什麼正面想法能招來好運？」

「爲什麼內心世界會發生招來好運的現象？」

要了解這些，就必須先了解自己的內心世界，尤其必須了解內心的深層世界。

接下來將在第二章和各位探討這件事。

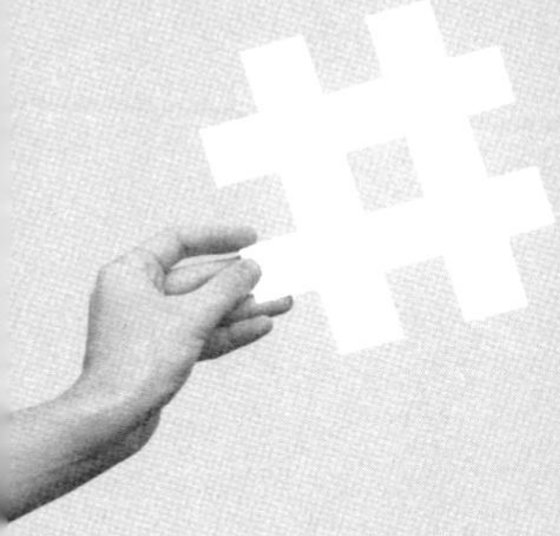

第二章

招來好運的
五種內心世界

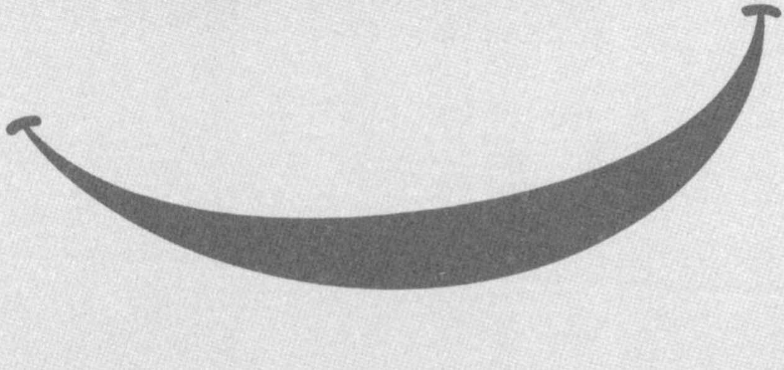

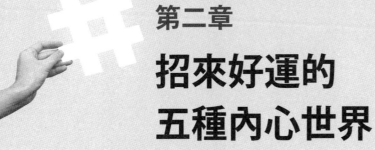

回顧人類的歷史，不論古今中外，許多人都相信人生中有運氣這種東西，也相信所謂的運氣，就是我們的內心狀態為了招來與其產生共鳴的事物而存在。

因此一般人都認為心中的正面想法可以招來好運，而負面想法則會招來壞運。

古今中外許多討論運氣的書籍或文獻確實都這麼說，也有許多人因為人生中的各種經驗而認為確實如此。

現在正在閱讀本書的你，應該就有這樣的感覺吧。

那麼所謂的運氣，或是這種招來好運的現象，甚至是第一章所提的直覺、預感、良機、共時性、聚合等現象，**是否完全無法以現代科學來解釋呢？**

目前確實很難完全從科學角度來解釋這些事情，但我們卻可以參考過去許多人提倡的溝通論、深層心理學、宗教學和最先進的科技知識，來解釋這些事物的其中一個面向。

在這之前，我們必須了解內心世界之中還存在著表面意識（也可簡稱為「意識」）無法察覺、更深層的世界。包含表面意識在內，人的內心共有以下五種意識：

①自我意識
②集體意識
③自我無意識
④集體無意識
⑤超時空無意識

接下來我將為各位說明這五種意識為何、為什麼能產生所謂的運氣，以及為什麼會產生招來好運、直覺、預感、良機、共時性、聚合等現象。

爲什麼愛抱怨的人留不住好運？

第一種內心世界，是自我意識的世界，也就是日常的意識、一般狀態下的表面意識。

本書的主題其實是第三至第五章的無意識世界，不過運氣或吸引好運等現象，有時也會發生在日常的表面意識之中。

這是每個人在生活中都會經歷的，不需要多做說明，不過仍可整理出引發這種現象的三個原因。

第一個原因，當表面意識充斥著負面想法時，我們就無法發揮原本應有的能力。

舉例來說，如果內心抱持不安或恐懼、不滿或憤怒、厭惡或憎恨等情緒，就無法集中精神在工作上，因而發生犯錯、無法提升效率、想不出好點子等狀況，當然就會因爲無法發揮應有的實力，而面臨各式各樣的問題，發生各種麻煩，進而演變爲運氣變差的狀況。

相反地，如果表面意識充滿正面想法，我們就能充分發揮原有的能力。

例如心中抱持著安心或希望、滿足或感謝、好意或愛情等情緒時，就更能集中精神在工作上，達到不犯錯、提升效率、靈感湧現的狀態，也因爲能發揮應有的實力，進而感覺運氣變好。

第二個原因是，當表面意識充滿著負面想法時，這些想法自然而然會轉化爲負面言論並脫口而出，讓身邊的人逐漸遠離。

舉例來說，每個職場都能看到愛抱怨的人，身邊總是圍繞著其他愛抱怨的人，把不滿掛在嘴邊的人，身邊也聚集著把不滿掛在嘴邊的人。抱持正面想法的人，會自然而然逐漸遠離整天把不安掛在嘴邊或滿口怨恨痛苦的人。因此在日常生活中持續發出負面言論的人，就無法建立良好的人際關係，因而在人生或工作中面臨各種問題，發生各式各樣的麻煩。

相反地，如果表面意識裡充滿正面想法，這些想法自然會轉化爲正面言論，讓更多想法正面的人向你靠攏。

舉例來說，如果你的言語中充滿希望或感謝、懂得誇獎他人，你的身邊便會自然而然聚集許多抱持正面想法的人，進而產生良好的人際關係，人生和工作也會越來越順利、往好的方向發展。

八成的溝通並非透過語言

第三個原因也是最重要的原因，因爲人與人之間的溝通有八成都是「非語言溝通」。

也就是說，所謂的溝通其實包含了以言語傳達（語言溝通），以及透過眼神或目光、表情或相貌、肢體動作或周遭氣氛等語言之外的訊息溝通，而且後者更占了八成以上。

因此，如果一個人心中抱持著不安或恐懼、不滿或憤怒、厭惡或憎恨等負面想法，即使不說出口，還是經常會將這些想法以語言之外的訊息傳遞給其他人。

如此一來，抱持正面想法的人自然會逐漸遠離。即使看似沒有遠離，他們的心也會逐漸與這些人保持距離。

而且也因為抱持負面想法的人逐漸靠攏過來，結果引來各種不同的問題與麻煩。

有些人給人很灰暗或冷淡的感覺，這樣的人即使不開口說出負面言論，身邊的人也會自然而然遠離他們。這樣的事時有所聞。

以上就是運氣或吸引現象也會經常發生在表面意識的例子，而且原因非常清楚。日文有句諺語「福臨笑家門」，以上三個原因就是完全從科學的角度來解釋這件事情。

也就是說，隨時把笑容掛在臉上的人，不管在生活或工作上都能充分發揮實力，也會自然使用正面的語言，因此能吸引更多人願意與其相處。這種正面想法的態度，也會透過非語言溝通傳達給身邊的人，吸引更多抱持正面想法的人，進而招來更多所謂的好運。

而這種狀態如果超越個人，以集體的型態發生時，又會發生怎麼樣的事呢？

爲什麼炒熱氣氛的人這麼受歡迎？

這是第二種內心世界——集體意識。這裡的集體是指集團、組織、社會等由多人組成的狀態。

而運氣、吸引等現象，也經常發生於集體意識之中。

因爲集體意識是由隸屬於集團、組織或社會中的個人意識集結而成，經常會以氣息、氣氛、文化等型態表現出來。我們在生活或工作之中也能經常感受到，若組織或團隊裡出現不好的氣氛，就會招來「不好的結果」＝「壞運」。

舉例來說，如果一場棒球賽連續八局都無安打、無人上壘，每個球員就會因爲「完全比賽」①這件事而感到緊張，這時就容易發生不該有的失誤。因爲整個球隊的集體意識都被「絕對不能失誤」「失誤的話怎麼辦」這些負面想法所控制，所以就招來「失誤」這種「不好的結果」＝「壞運」。

相反地，如果整個球隊的氣氛都很正面，就可能發揮實力，吸引到「好的結果」＝「好運」。

野村克也教練曾經在日本職棒界創下三個日本第一的紀錄，每場比賽他都會將打擊率不是很高的一個球員排入一軍陣容。曾經有人問他爲什麼，他是這

---

①棒球術語之一，美國職棒大聯盟一九九一年後的規定是：一場至少九局的球賽裡，所有打者皆不能安全上一壘，也就是不能夠有安打、四壞球、觸身球，以及任何其他的原因，包括失誤上壘，或者是因妨礙打擊上壘等。從定義來看，完全比賽也必須是完封、無安打比賽。完全比賽普遍被認爲是投手表現的極致，運氣和技巧同樣重要。

麼回答的：

「這個球員或許不能在球場上有很好的發揮，但只要他坐在休息區裡，就會大聲幫其他隊員加油，讓整個球隊的氣氛更好。」

在多人組成的團體或隊伍之中，爲什麼炒熱氣氛的人對於招來好運這麼重要，就是因爲能夠讓整個團隊產生「氣氛變好」→「放鬆」→「發揮實力」→「氣氛變得更好」這樣的良性循環。

另一方面，有些人雖然身爲組織或團隊的領導者，卻會破壞整體的氣氛，使好運逐漸遠離。

英語中將掃興的人稱爲濕毛巾（wet blanket），意思就是家裡竄出小火苗時，只要蓋上濕毛巾，就能順利滅火。社會中確實存在著一些領導人，當部屬或團隊成員滿腔熱血、懷抱熱情提出某些想法或提案時，卻馬上冷冷地指出這些想法或提案的問題，大大降低了部屬或團隊成員的士氣，等於提水澆熄了這把熱情的火苗。

這些領導人讓整個團隊的氣氛變得萎靡而充滿負面情緒，所以部屬或團隊成員的自主性及創造力就受到壓抑，當然會使得整個組織或團隊引來「不好的結果」＝「壞運」。

從我們日常的經驗中可以得知，只要在個人意識和集體意識等表面意識的世界中抱持正面想法，就能招來好運；而抱持負面想法則會讓好運遠離我們，並招來壞運，這一點應該不必再贅述。

但其實只要重新審視日常生活中的經驗，就能發現好運和壞運是不能光用表面意識來說明的。

因此，自古以來就有許多人認為，比表面意識更深奧的無意識，會為人生的運氣帶來影響。

這就是第三種「自我無意識」②與第四種「集體無意識」。接下來將和各位進一步探討。

想得到幸福卻引來不幸的人

那麼，第三種內心世界——自我無意識，又是個怎麼樣的世界呢？

許多人知道佛洛伊德、榮格、阿德勒等心理學家，都曾針對人類內心深處的無意識進行研究，並提出各種假說。

這些研究有以下三個共通結論：

①我們的意識無法明確地感覺到無意識的狀態。

②無意識具有強大的力量，有時候還會對意識造成很大的影響。

③我們很難對無意識進行任何調整或有意識地改變它。

從這三點看來，在人生中，無意識會在我們毫無察覺的狀況下支配我們的行動，讓人做出錯誤的選擇。

例如有些人雖然在表面意識希望可以獲得美滿的婚姻，卻老是遇到不適合的對象，落入婚姻不幸福、離了婚又結婚的迴圈。

這樣的人在某種意義上可說是婚運不好的人。精神分析學家梅寧哲（Karl Menninger）在《生之掙扎》（*Man Against Himself*）中對這種無意識的原因做了各種分析。

其中一個原因，就是這些人的無意識中有**「自我懲罰意識」**。

由於過去發生過某些事情讓他們很自責，這些事就變成了強烈的心理創傷，存在於無意識之中，並產生自我懲罰意識，例如「像我這種人有什麼資格得到幸福」「我這樣一定會有報應」，而這樣的自我懲罰意識控制了人生中的選擇或行動。

---

②在本書中，自我無意識又稱爲「潛意識」或「深層意識」，本章末有詳細說明，見第81頁。

換句話說，我們吸引來的壞運其實就是自己無意識裡的負面想法，以我們未曾察覺的方式支配了自己的選擇或行動，因而發生的一種現象。

知名好萊塢女星梅莉史翠普在電影《蘇菲的選擇》（*Sophie's Choice*）中，將終生受到自我懲罰意識控制的女主角演得動人心弦。

女主角蘇菲是一名猶太人，在戰爭中受到納粹軍官威脅，僅能從一對子女中選擇讓一個孩子存活，迫使她在心痛至極的狀態下，不得不放棄自己的女兒，眼睜睜看著她送死。

戰爭結束後，蘇菲苟活了下來，好不容易恢復平靜的生活，卻無時無刻不活在拋棄骨肉的自責之中。男主角丁哥深愛著蘇菲，願意接受她悲慘的過去，並向她求婚，但蘇菲終究還是拒絕了他，而選擇與瘋狂的納森共度毀滅的人生，走上自殺的絕路。

這個故事告訴我們，存在於無意識之中的自我懲罰意識，有時會在我們沒有察覺的狀況下，控制著個人的選擇與行動，引導我們不自覺選擇通往不幸的道路。

也就是說，**一旦無意識的世界裡出現自我懲罰意識，或是自我否定意識這種負面想法，就會不知不覺將不幸帶到現實生活中，吸引到壞運。**

相反地，如果無意識裡存在著「我一定辦得到」「我是個有價值的人」這種自我肯定意識或自我尊重意識，這些正面想法就能招來幸運的事物，吸引到好運。

重要的是，**每個人表面上顯現出來的姿態（表現意識的人格）和內心深處潛藏的樣貌（無意識人格），通常有很大的不同**，有時候甚至是完全相反的兩種極端。

例如我們經常會看到一些平常很文靜的人，像是纖弱的女性逼不得已時，可能會突然表現出極其堅強的人格。

反過來說，有些經常把「我絕對不會輸！」「我一定會贏！」掛在嘴邊的強硬領導型人物，一旦被宣布罹患癌症，內心深處脆弱的一面就會顯現出來，這樣的例子也不在少數。

還有一點很重要的是，人與人之間的無意識**不需要透過表面意識就可以互相感應**。

也就是說，在《蘇菲的選擇》中，蘇菲和納森之所以會互相吸引，並非因爲表面意識的作用，而是無意識世界中的負面思想在當事人毫不知情的狀況下互相感應到對方，進而互相吸引。

像這樣，兩個人的無意識相互感應和吸引，就是第一章提到的「物以類聚」「吸引力法則」現象的原因之一。其中一部分可以用非語言溝通來解釋，但實際上還有非常多無法只用這個原因說明的現象。

那麼，在這樣的狀況下，爲什麼兩個人的無意識會相互感應呢？

要知道原因，就必須先了解第四種意識，也就是集體無意識。

爲什麼我們會感覺到他人的視線？

集體無意識是什麼呢？

在說明之前，我想先問一個問題。

在日常生活中，你是否曾經感受過他人的視線？

例如工作的時候總覺得好像有人在看我，回過頭來發現果然有人盯著自己。

有這種經驗的人應該不在少數。即使你不曾遇過，問問身邊的人應該多少有過類似經驗，我自己就遇過幾次。

在小說或其他文學作品中，偶爾也會看到「當時我感覺到一股視線」這樣的描述。

那麼，爲什麼我們會感覺到他人的視線呢？

這裡所說的視線並不是指光線或音波反射後等物理現象，而無法以物理或科學角度解釋，是一種心領神會的不可思議現象，但爲什麼我們都有類似的經驗呢？

你是否也有過如下經歷：

某天突然想起某個很久不見的朋友，然後就剛好接到這位朋友的電話，或是當天回家後就接到這位朋友的來信。

這樣的經驗完全無法以目前的科學解釋，卻有很多人有過類似的經驗。

這就是第一章裡提到的**共時性（不可思議的偶然）**現象，我個人也有過幾次這樣的經驗。

剛開始動筆寫這本書的時候，某天晚上我夢見了多年不見的朋友。因爲我很少做夢，覺得很不可思議，就打了通電話給他，才知道這一天剛好是他的生日。打電話之前我完全不知情，讓我不得不想，或許是某種力量將這件事告訴我的。

那麼，爲什麼人生中會出現這種共時性現象呢？

可以解釋這種現象的其中一個答案，就是**「集體無意識」**這個假說。

集體無意識（Collective Subconsciousness）是心理學家榮格提出的概念。簡單來說就是：

人與人的內心，都在深層的無意識世界中互相聯繫。

這是個非常有意思的假說。如果這個假說成立，就足以解釋前述所說的「心領神會」或「共時性」等現象。

到了現代，這樣的想法更跳脫了榮格的概念，進而衍生出**現代心理學的新潮流「超個人心理學」**（Transpersonal Psychology）這個分支。

集體無意識與超個人無意識的假說，也能用來說明自古以來各種不可思議的現象。

像是結髮多年的老夫妻毋須開口，就能了解對方的心意，或是兩人在同一個時間點說出相同的話等心領神會的現象。

日文中甚至有**「立於榻前」**的說法。許多日本人相信，相隔兩地的家人或親戚過世之後，會在同一時間顯靈，出現在自己的榻前。

因爲自古以來就有人有過這樣的經驗，才會有這句俗語，而且很多地方都能看到類似的記載，相當具有現實感，無法只用「某種錯覺」或「誤會」這樣的說法隨便帶過。

如同自序中提到，我在大學裡接受科學教育，多年來從事工科方面的研究，因此非常抗拒單純地將這種現象解釋爲「靈魂的存在」或「死後世界」。但因爲我個人有過類似經驗，無法否定這些不可思議現象的存在，因此總覺得有必要針對集體無意識這個概念進行研究，以作爲說明這些現象的有力假說。

也就是說，即使不需要假設靈魂的存在或死後世界，只要根據集體無意識的概念——也就是「人與人的內心，在深層的無意識世界中是彼此聯繫的」這樣的假說，就能說明不以言語或非言語訊息進行溝通的現象。也就是說，即使分隔兩地，也能夠藉由心領神會或共時性的方式，進行某種形式的溝通。

爲什麼同類型的犯罪行爲會在同時間內不斷發生？

像這種「某人的想法透過集體無意識傳遞給他人」「心領神會」或「共時性」的現象，除了會以一對一的方式發生，也會發生於由多人組成的團體組織之中。

其中比較不好的例子，就是許多國家或地區會同時發生多起相同類型的犯罪行爲。

例如二〇一九年，美國各地許多學校及百貨商場都發生了隨機槍擊事件，這樣的現象無法單純以「受到第一起犯罪行爲刺激後接二連三發生類似案件」的簡單邏輯來解釋。

我們可以將這樣的事件視為一個國家或區域、社會或社群之間，因為眾人的集體無意識狀態，使整個環境變得負面，進而影響集體中每個人的個人無意識，其中以不好的方式接收到影響的人，就會犯下隨機槍擊這樣的案件。

事實上，美國境內發生的隨機槍擊事件，背後存在著對移民的歧視與憎惡情緒。這些事件，或許可以視為這個國家的代表人物——也就是美國總統——持續發表各種歧視或憎惡的言論，使國民的集體無意識產生負面想法所造成的結果。

這類問題或許有很多不同的解釋，但**當組織、社會或國家等由多人組成的團體的集體無意識呈現負面狀態時，很可能就會經常發生犯罪案件、事故或疾病等不好的現象，並招致吸引壞運的結果**。

另一方面，有個實驗曾發現若某地區的集體無意識充滿正面想法，那麼犯罪案件、事故或疾病也會跟著減少。

這是由宗教大師瑪赫西（Maharishi Mahesh Yogi）提倡的超覺靜坐（Transcendental Meditation）所做的社會實驗研究。

對英國搖滾樂團披頭四影響頗巨的瑪赫西大師之所以要做這個實驗，是爲了證明「當一個城市裡一％的人口同時進行超覺靜坐，集體無意識就能獲得淨化，變得更爲正面，這個城市的犯罪率也會顯著下降」這個假說。

這就是所謂的**「瑪赫西效應」**。瑪赫西管理大學（Maharishi University Of Management）在美國各地進行了多種社會實驗，獲得了幾項具有統計學意義的研究結果。

因此，集體無意識和超個人無意識假說合理說明「人類的思想可以跨越空間進行傳達」，以及「多人組成的團體之間，不須經由任何溝通方式就能抱持同樣想法」。

但是，**集體無意識和超個人無意識假說雖然可以解釋「超越空間的共時性」，卻無法解釋「超越時間的共時性」**。

什麼是超越時間的共時性呢？

爲什麼會有「眼前的事情好像發生過」的既視感？

說明這件事之前，必須先說明一下第五種意識，也就是——超時空無意識。

這裡再問大家一個問題。你是否有過**既視感**的經驗？

既視感的英文dejavu，來自法文「Déjà vu」，意思是「曾經看過」。許多人在日常生活中都有突然冒出「這個景象我之前好像有見過」的經驗。

科學上對於既視感有很多討論，有人將這種現象解釋爲「視覺神經與腦神經引起的錯覺」，不過由於既視的眞實感太強，許多有類似經驗的人並不接受這樣的說法。

據說這種現象比較容易發生在年紀較輕的人身上，我在國中到高中這段時間，也有過幾次既視感的經驗。

大家應該也有過一、兩次這樣的經驗吧。

此外，也有一些報告指出，許多人都有過夢境變成事實的經驗，也就是所謂的**預知夢**。

其中最知名的例子，就是美國總統林肯曾經在被暗殺的前一週就夢見自己將被暗殺。

我幾乎沒有預知夢的經驗，正在閱讀此書的你是否有過類似經驗？

爲什麼我們會以既視感或預知夢看見或預知未來呢？

過去曾經見過或夢到的景象，居然和當下眼前所見的世界吻合，可以稱作是一種「超越時間的共時性」。但是，爲什麼會發生這樣的現象呢？

除了既視感和預知夢，我們的人生中甚至還會遇到**「算命」**這種**預知未來**的事。

爲什麼算命會準？

各位相信算命嗎？你覺得算命是一種迷信嗎？

其實我不太相信各種五花八門的算命，不過回想起來，卻有幾次算命準到不可思議的經驗，讓我不得不相信。

故事發生在我國中二年級那一年。

那是高中聯考的前一年，我的第一志願是都立H高中。以我的成績來說，要考上H高中並不困難。當時有人介紹我母親去算命，那個算命師是出了名的準。母親請他幫我算能不能考上H高中，但不管卜幾次卦，得到的結果都是「不會考上H高中」。但那明明是我應該考得上的學校啊，我納悶地想：「該不會考試當天生病吧？」

過完年、升上國三之後，發生了一件出乎意料的事情。

東京從那一年開始實施「學校群制度」③，H高中和K高中、M高中被劃入同一個學校群，最後用抽籤的方式決定我們升上哪一所高中，所以沒有中籤的我不得已只能就讀國立T高中。從結果來看，當初的算命師算得很準，我確實無法考上H高中。

關於算命神準的另一個故事，發生在我剛讀完博士、準備找工作的時候。

我的指導教授K教授邀請我取得博士學位後，到他的研究室擔任助理。這件事談妥之後，某天我走在新宿街頭，正好經過一個算命攤，當時突然有種感覺，便停了下來，請他幫我算一下工作。

算命師卜了第一次卦，說：「你這輩子都會受到長輩的提拔。」我心想：「確實是這樣沒錯……」算命師接著說：「我來幫你算一下這位長輩住在什麼方位。」卜第二次卦的時候，我一邊想著：「K教授找我當助教，我家在東京，K教授住湘南，這樣應該是『南』。」

算出來的結果和我想的完全不同，算命師算出了「北」。我覺得這個算命師一點都不準。

---

③將同一縣市學力程度相等的學校劃爲一個「群」，再以抽籤分發方式將分數範圍內的學生分配到各校，以縮短各校之間的差距。

沒想到幾天之後，K教授把我叫去並告訴我：「這個職缺沒了。」

這實在太令人失望了，我只好開始找其他工作。剛好隸屬某財團的M公司A董事邀請我，於是我決定到M公司上班。後來我才知道這位A董事當時住在琦玉，確實是在我的「北邊」。

更不可思議的是，這位算命師當時還說：「提拔你的貴人之後會爬得更高。」

果然正如算命師所說，A董事在十四年後當上了財團M公司的社長。

聽了這些故事，你有什麼想法呢？

當然我們也可以用「只是偶然」四個字輕描淡寫帶過，但我認爲世界上有過這種「算命算得很準」經驗的人不在少數。

有人認爲**算命之所以會準，不是因爲算命師算得準，而是因爲去算命的人，內心深處的某種東西，招來了那次算命的結果。**從這層意義來看，我個人除了遇過算命很準之外，還發生過不少無法以科學解釋的奇妙經驗。

其中一項就是**「未來記憶」**。

爲什麼會預見未來？

有時候發生在我們身上的某些事，就像是預言了自己的未來一樣令人感到不可思議——這就稱爲未來記憶。

接下來跟各位說說兩件發生在我身上的故事。

第一件事發生於一九九八年夏季，當時我負責管理上述財團M公司的業務部門。某天我像平常一樣搭計程車去拜訪東京都內的客戶，計程車經過赤坂見附、往弁慶橋方向行駛時，眼前映入的一棟辦公大樓吸引了我的注意。我欠身詢問計程車司機：「司機先生，請問這棟大樓叫什麼名字？」

計程車司機說：「這棟啊？這是最近新蓋好的紀尾井町大樓。」

當時我已經出社會九年，搭計程車的次數不下數百次，從來沒有向計程車司機詢問過路邊的大樓叫什麼名字。不知道爲什麼，我就是對這棟大樓很感興趣。

那一年年底，因爲一段不可思議的緣分，我離開了M公司，獲邀參與某銀行智庫的創立工作。談得差不多之後，我突然想到一個問題，便問了智庫籌備處裡掌管人事的主管。

「智庫的辦公室預計設在什麼地方？」

「辦公室會設在紀尾井町大樓。」人事主管說。

人事主管的回答讓我驚訝得說不出話來。

那天我不經意看見這棟大樓，不知道爲什麼突然注意到了，還罕見地問了計程車司機。

而這棟大樓湊巧就是幾個月後我即將走馬上任的公司所在大樓。

這只是單純的偶然嗎？

又或者是我在無意識之中預言自己即將換工作，在這棟大樓裡辦公呢？

另一個故事發生在一九八五年。

當時我因為工作的關係，拜訪了位於美國華盛頓州R市的某國立研究機構。結束為期一週的工作後，我正打算在飯店度週末，研究機構裡的美國友人邀請我一起去兜風。

兜風時，他想順路給朋友送個東西，於是在途中開進某住宅區。他拿東西給朋友時，我沒想太多，下車用相機拍了些住宅區的街道景象。

回到日本之後，當時拍的照片就和其他的國外出差照片一起被我隨意扔進某個盒子裡，從此消失在我的記憶中。

兩年後，我又因緣際會來到這個研究機構擔任客座研究員。到任後，我在R市找了間房子作為這段期間的落腳地。

一年半之後，我結束在研究機構的工作，回國前打包行李時發生了一件事。當時我剛好看到這個照片盒，就從盒子裡取出之前到國外出差時所拍的照片，想懷念一下過去的生活。沒想到其中一張照片讓我驚訝得瞪大眼睛，說不出話來。

那張照片就是三年半前我和美國友人兜風時無意間拍下的照片。**我居然住在當時無意間拍下的房子裡**。

我在兜風途中無意間拍下一棟在路邊看到的房子，那個城市裡有無數棟類似的房子，而我剛好就在無意識之中拍下了其中一棟。

工作確定之後，我在當地找房子，偶然看中了一棟，並住了進去。

不可思議的是，這兩棟房子居然是同一棟。

這也是單純的偶然嗎？

還是我到美國工作和這棟房子，都是我自己無意識之中預言的呢？

這兩個故事正是**某個時候發生的事情正巧預言了自己的未來**這樣的現象，也就是所謂的未來記憶。

這種現象同樣無法用現在的科學解釋，當然也可以用單純的偶然帶過即可。我就經常遇到這種未來記憶。

各位不妨回想一下，自己在過去的人生中是否有過這種經驗，曾經「預知」未來或有過類似「預見」的經驗。

平常我只要一有機會，就會私下詢問身邊的各類朋友有沒有相關經驗，沒想到有預知或預見經驗的人出乎意料地多。

但這些朋友都擔心這樣的經驗會遭人誤解，所以不太願意主動提起。我也是擔心說出來會被誤會的那種人，所以其實非常猶豫要不要在本書中照實說出自己的經驗。

再加上前文已經說過很多次，我本身是學科學的，而且一直以來都從事工學研究，實在無法接受不經證實就將這些現象連結到「靈異的境界」「背後靈」「超能力」或「ＵＦＯ」等阻斷思考、不科學的說法。

但也因為我具備科學研究的背景，因此會去思考自己遇過的這幾次**預感或預知，甚至是被稱為未來記憶的事情，是否同時存在著科學角度的說法。**

為什麼我們的生命中會發生預感、預知或未來記憶等現象呢？這些現象能否用科學解釋？

以最先進的量子科學破解運氣的眞貌

預感、預知或未來記憶等現象，其實就是過去看過的景象或拍攝過的照片，居然和未來發生的現實重疊，也就是所謂的「超越時間的共時性」。但爲什麼會發生這樣的現象呢？

本書不怕招來誤解，將以最先進的現代科學中討論度頗高的一種「假說」來討論這件事。

接下來要介紹的假說，乍看之下似乎超越一般人的常識，但這絕對不是什麼可疑的理論。身爲核子工程博士，我認爲這個假說非常値得用科學的角度進行討論。

這個假說是什麼呢？

那就是：**零點能量假說**。

什麼是零點能量（Zero Point Energy）？說得白話一點，就是遍布於整個宇宙之間、能量聚集的場域，這些場域記錄著宇宙的過去、現在與未來的所有訊息。

這麼說或許不太好懂，現代科學中最先進的量子力學（Quantum Physics）已經證實，**即使是什麼都沒有的眞空，也潛藏著巨大的能量**。對於一般人「眞空＝無」的認知而言，這樣的論點確實很難理解，不過量子力學認爲量子眞空（Quantum Vacuum）這個極微小的世界裡蘊含著無比龐大的能量。

最具代表性的就是現代物理宇宙學所提出的**宇宙暴脹論**（Cosmic Inflation），這是一個描述宇宙如何誕生的宇宙形成理論。這個理論認爲，一百三十八億年前還是量子眞空狀態，並沒有宇宙存在；但量子眞空發生了「晃動」後，接著產生急速膨脹（Inflation）和大爆炸（Big Bang），宇宙因此誕生。

就像這樣，量子眞空蘊含著足以形成壯闊宇宙的龐大能量，而**量子眞空之中又存在著零點能量場這個場域。在這個場域之中，宇宙中過去、未來、現在所有事物都是一種「波動」，並以「全息投影」的樣態存在。**

這個假說近年來相當受矚目。

或許有些人認爲「宇宙發生的所有事物都是以『波動』型態存在」這件事非常不可思議，但從最先進科學的角度來看，這其實是非常合理的假說。

因爲剛才提到的量子力學已經證實，**眼前的一切「物質」本來都是不存在的。**

接下來要說的或許更令人訝異：

其實我們認知的物質都是「能量」與「波動」，之所以會感覺這些東西是「具有質量的物質」或「堅硬的物體」，其實只是我們的日常知覺所帶來的錯覺罷了。

因此宇宙間發生的所有事物，不管是銀河系宇宙的形成、地球的誕生，或是你出生於地球、目前正在閱讀本書這件事，說到底所有的一切都是宇宙間發生的能量和波動的運作。而這個波動的所有軌跡都是以「波動干涉」的型態、以全息投影的方式被記錄下來，這個假說認爲全息宇宙記錄了接近無限的龐大訊息。從科學的角度來看，具有一定的合理性。

之後會再說明何謂「全息構造」。

未來早已存在了嗎？

看完上述說明，或許還是有人抱持這樣的疑問：

「你說『未來的所有訊息』，但未來的意思是『尚未到來』，也正是因爲尚不存在，所以才稱爲未來。不是嗎？」

確實，未來的本意就是「尚未到來」，而過去則是「已發生過」。因此在一般人的認知之中，過去就是已經發生過、已經存在的事物，未來則是指尚未發生、尚不存在的事物。

一般人都認爲「時間指的是從過去到未來，往同一個方向前進」，這是我們在生活中認知的感覺，因此我們也都認爲「未來尚不存在」是一種常識。

當然我個人的日常認知也是如此。

但出乎大家意料之外的是：

現代物理學認爲，過去、現在、未來都是同時存在的。

舉例來說，天才物理學家愛因斯坦最知名的**相對論**（Theory of Relativity）認爲，我們所生存的第三次元「空間」加上第四次元「時間」，構成了四維的**時空連續體**（Space-Time Continuum）。

時空連續體理論認爲，過去、現在、未來都是同時存在的。

此外，同樣是現代最優秀的物理學家保羅．戴維斯（Paul Davies）則認為，時間是一種**時間風景**（Time Scape）。只要打開地圖，一眼就可以看到所有的山嶺、河流和地形，而宇宙空間和宇宙時間的展開（歷史）也像地景（Land Scape）——也就是「風景」——一樣，一眼就能看盡。

在時間風景之中，過去、現在與未來都是同時存在的。

就像這樣，現代物理學對時間的看法和一般人的認知大不相同，因此我們聽到「零點能量場記錄了過去、現在、未來的所有訊息」都會摸不著頭緒。不過一旦接受了這樣的觀點，就彷彿開啟了一扇窗，也就能夠了解為什麼我們可以感受到預感、預知或未來記憶，並能理解其原因。

愛因斯坦曾經在給友人的信中這麼寫道：

「對我們這些物理學家而言，過去、現在、未來都是幻想。不論它們看起來多麼真實，但終究只不過是幻想罷了。」

我們的未來與命運，是否早已注定？

看了前文的說明，或許你還是會有這樣的疑問：

「如果零點能量裡記錄的不只是過去和現在，甚至還包含未來的訊息，那麼人類的未來是否早就已經注定了呢？我們的命運都無法改變了嗎？」

會這麼想也是理所當然。

但我必須告訴讀者的答案是：「不，**我們的未來都是尚未決定的**。」

前面在說明預知夢時也提過，夢裡出現的事情有些會成爲現實，但也有人因爲夢見預知夢而改變原本計畫的行爲，因而避免了本來會成爲現實的事情發生。

前者的例子就像前文提到的美國總統林肯的預知夢；另一方面，過去曾有人夢見自己搭乘的船發生意外沉船，因此決定取消船班，結果船雖然沉了，但自己卻因此逃過一劫的例子。

那麼，爲什麼會發生這種夢境與現實完全相反的事情呢？

因爲事實上**零點能量場所記錄的未來都是「未來的可能性」**。換句話說，因爲與這個場域聯繫而預知的未來，只是無數個未來可能性之中最容易成爲現實的那一個。所以只要改變原本計畫的行爲，就有可能從原本最容易發生的未來，變成不一樣的未來。

再說得更專業、深入一些，例如在量子物理學的世界裡，**在進行觀測之前，電子的分布位置只是存在於各個角落的可能性的集合，也就是說，我們只能以「機率分布」的方式進行理解，但可以經由觀測來「確定」**其所在位置。

這是量子力學領域中稱爲**「波函數」**（Wave Function）的一種概念。將量子眞空視爲實體的零點能量場，同樣也將各種未來的可能性視爲一種機率分布的訊息，而當其成爲現在的那一瞬間，便使一個可能性確定成爲現實。

因此，當我們與零點能量場聯繫、預知未來的時候，所預知的並不是確切會實現的未來，而是最有可能發生、發生機率較高的未來。當我們透過具體的行爲，將可能的未來改變爲現在的時候，就確定了一個未來。

以上的解釋或許有些讀者無法完全理解，畢竟篇幅有限，僅能簡單說明，總之，這就是我們從零點能量場假說學習到的未來的可能性。

爲什麼我們的心會與零點能量場互相聯繫？

接著再說明另一件非常重要、但有點困難的專業知識背景。

前文介紹過零點能量場裡的所有訊息都是一種波動，並以全息投影的樣態被記錄下來。正確來說，這些訊息都是靠著藉由波動干擾的全息投影原理而留下紀錄。

電影《星際大戰》裡，有一幕莉亞使用投影機將三次元的立體影像展示給天行者路克的畫面，就是全息投影技術。

全息投影是一種藉由波動干擾記錄訊息的技術，這項技術可以記錄龐大的資料，能夠將國立圖書館館藏這麼大量的訊息收進一顆方糖大小的記憶體之中。因此，**如果零點能量場是以全景投影方式記錄訊息的話，那麼所記錄的訊息量之大，將有可能接近無限**。

此外，零點能量場假說認爲，我們的內心都是藉由量子的型態與零點能量場聯繫，因此可以從零點能量場獲得訊息，也能將訊息傳遞到這個場域。

這個假說同樣非常難用日常經驗來理解，但其實在最先進的腦科學領域裡，對於可以驗證這項假說的**「量子腦動力學」**（Quantum Brain Theory）投以非常大的關注。

這個理論是由理論物理學家羅傑·彭羅斯（Roger Penrose）和麻醉科醫師史都華·哈默洛夫（Stuart Hameroff）所提出。簡單地說，就是希望藉由腦的活動與量子運作的程序息息相關的論點，來解析意識問題與腦內溝通問題。因此如果我們的大腦能藉由量子程序進行腦內溝通，大腦便極有可能以量子程序與零點能量場進行聯繫。

不過本節開頭之所以講到心而非腦，是因為即使現代腦科學研究如此先進，科學家卻還是無法找出到底是什麼對我們的心產生作用。是腦，還是整個身體？抑或是更高等級的某種物體？

這與先前提到的量子腦理論一樣，將隨著量子生物學領域的成熟而日漸清晰。無論如何，人類的心以量子程序的方式與零點能量場聯繫的這項假說，仍然非常值得從科學的角度進行檢視。

為什麼會有吸引力法則？

如果零點能量場與量子腦理論的假說是正確的，就能合理解釋**為什麼存在於我們心中的想法能吸引到某些與其相似的東西**。

如果零點能量場裡的訊息確實是以前述的全景形式被記錄下來，那麼就是以波動的方式記錄。而大腦和心中的各種想法，如果也是以量子程序的型態存在，也會以波動的方式存在。

在物理學的領域裡，很多人都知道**波動與其他類似頻率的波動之間會產生共鳴**。

因此在大腦和心聯繫到零點能量場之後，大腦和心中的想法就會與這個場域裡的類似訊息產生共鳴，進而互相吸引。

許多人認為這就是為什麼我們心中的各種想法會吸引類似的其他物質，也就是**吸引力法則**存在的原因。

話說回來，雖然這種說法目前還只是假說，但自古以來不論東西方都有許多智者將吸引力法則視為一個理論，也有許多人認同自己有過類似的經驗。為什麼吸引力法則會吸引那麼多人從科學的角度進行論述呢？

前面介紹的內容可能有些難懂，但這裡要再次強調的是，以量子真空為前提的零點能量場假說是立基於以下三大論點：

①宇宙的每一個角落裡都存在著稱爲「零點能量場」的能量場域。

②零點能量場記錄著我們生存的這個宇宙的過去、現在、未來所有訊息。

③因此當我們的心以任何型態與零點能量場進行聯繫時，我們就能根據過去與現在發生的事，預知未來會發生什麼事。

也就是說，我們的內心世界裡存在著與零點能量場聯繫的第五種意識，亦即「超時空無意識」。因爲這個場域裡的所有訊息都是超越時空的，因此當我們進入超時空無意識時，除了超越空間的共時性之外，還可能會發生超越時間的共時性。

死後的世界、前世記憶、投胎轉世，都是迷信嗎？

如果科學可以證實存在於量子眞空中零點能量場的性質，且能解釋**「超越時間與空間的訊息傳達」**，也就能合理說明以下這些自古以來被當成偶然、錯覺、誤解、幻覺、信以爲眞或迷信的現象了：

心領神會、心電感應、透視、遠距透視
預知、預言、既視感、未來記憶
故人在榻前顯靈、夢見故人、靈性交流、背後靈
前世記憶、投胎轉世

列出上述的這些現象，或許有些人會覺得我很愛談怪力亂神，但其實正好相反。

自古至今就有許多人經歷過這些不可思議的現象或體驗，但因爲還無法以科學證明，因此多數人對所謂的超能力、死後世界、靈異世界、前世等無法完全了解、落入黑箱思考的現象，抱持半信半疑的態度。

相較之下，零點能量場假說則是架構於科學的基礎之上，試圖說明這類奇妙現象或體驗發生的原因，因此可以避免**黑箱式思考**，也就是避免無條件接受不知事實爲何的概念，而陷入停止思考的陷阱之中。

我們內心深處對於死亡的恐懼，以及隨之產生的「希望死後也能延續生命」「希望有死後世界」這類願望，零點能量場假說提供了不同的解釋方式，能讓我們冷靜而客觀地看待這件事。

人們信仰的神佛究竟是什麼？

以上就是科學家以最先進的現代科學所提出的零點能量場，也是本書所說的第五種意識——超時空無意識。如果現代科學可以完全解析零點能量場的性質，那麼**數千年來人類最大的疑問**將有可能獲得解答。

這個疑問就是：**神、佛、天，究竟是什麼？**

如果零點能量場假說被證實爲眞，這個場域裡就記錄著宇宙的過去、現在與未來的所有事物，在這過程中形成的所有智慧，也都會被記錄下來。而如果與這個場域聯繫之後會發生各種吸引現象及事情，那麼這個場域就等同於是人類有史以來所信仰的神、佛、天，除此之外別無可能。

至於**與這個場域聯繫的方法，就是自古以來各種信仰與宗教中的祈禱、禱告、瑜伽、坐禪、靜心等儀式**。

若眞是如此，當我們透過這些方法使內心抱持正面的想法、深層地與零點能量場進行聯繫時，就會發生各種不同的吸引現象，進而產生直覺、預感、好機運、共時性、聚合現象，因而吸引到好運氣也是理所當然的了。

也就是說，當我們這麼想了之後，多數人都相信神、佛、天的存在，並且藉由祈禱和禱告與零點能量場進行聯繫，在吸引到好的事物之後，便會感覺受到神明庇祐、我佛慈悲或上天指引，也是非常合理的。

爲什麼最先進的科學見解和古老的宗教直觀體驗一致？

前文已經說明零點能量場裡記錄了宇宙的過去、現在與未來的所有訊息。若眞是如此，或許我們就可以藉由與這個場域聯繫，獲得宇宙誕生瞬間的相關訊息。

思考這個問題的時候，我發現一件不可思議的事，那就是「最先進的科學見解」和「古老的宗教直觀體驗」是一致的。

前面提到，現代科學中最先進的宇宙論認爲宇宙誕生於一百三十八億年前的**量子眞空**。

而量子眞空在某一個時機點發生了晃動、急速膨脹之後產生膨脹宇宙，接著發生大爆炸，使宇宙中充滿**光子**（Photon）。

講到這裡，會發現科學與宗教之間存在著不可思議的一致。

佛教的著名經典《般若心經》提到「色即是空，空即是色」，意思是在這個世界（色）裡，所有的一切都是來自於眞空（空）。

此外，基督教舊約聖經《創世記》第一章就提到**「神首先吩咐說要有光」**，而描述神創造天地時，最先出現的就是光（光子）。

這些一致只是單純的偶然嗎？

最先進的科學見解和古老的宗教直觀體驗有相同的說法，眞的只是單純的偶然嗎？

如果寫下《般若心經》的佛教僧侶和寫下舊約聖經的基督教神職人員，都是透過禱告或祈禱與零點能量場進行聯繫，那麼將宇宙誕生瞬間的記憶理解爲宗教的直觀體驗，也絕非不可能。

以上是我個人的一些想法，畢竟零點能量場假說並非實證理論，目前還只是尚未得到科學證實的假說。不過這項假說立基於當代最先進的量子物理學和量子生物學，我個人認爲這是一項非常有意思的假說，値得世人以各種方式進行科學上的討論及驗證。

世界賢人會議布達佩斯俱樂部（Club Of Budapest）創辦人鄂文・拉胥羅（Ervin Laszlo）博士，將這個記錄了宇宙的過去、現在、未來所有訊息的零點能量場，稱爲阿卡西磁場域（Akashic Field）。這個說法來自古印度哲學中的「阿迦奢」，意指「虛空之界」，指記錄宇宙誕生以來所有訊息的場域。

同樣的概念也存在於佛教的唯識思想之中。

唯識思想認爲，我們的意識深處存在著「末那識」與更深層的「阿賴耶識」，而深植於阿賴耶識裡的種子是過去所有的果，也是未來一切的因。

爲什麼天才總感覺「靈感從天而降」？

前文提到我們的內心都是以量子的形式與零點能量場進行聯繫，而且我們的內心可以從零點能量場獲得訊息，也能對其傳送訊息。

若眞是如此，那麼**我們平日所發揮的直覺、想像力、聯想力與創造力就可能並非由「大腦」生成，而是來自「零點能量場」**了。

雖然這個說法也還只是假說，但若能獲得科學證實，就有可能爲我們思考自身才能或能力時帶來徹底的典範轉移。

事實上，許多在現代被稱爲天才的人，不管從事的是研究、學問、藝術或音樂工作，不論領域及職業，被人問到靈感或創意來自何方，幾乎每個人的回答都是「從某個地方掉下來」「彷彿得到上天的啓發」，很少人會回答「想破頭終於想出來的」。

若眞是如此，那麼一般人與所謂天才之間的差異，就不是天生腦部結構的不同，也不是遺傳基因或先天能力上的差異，而是**與零點能量場聯繫能力的不同**，而且這個能力是可以透過學習改變內心世界的方法，藉由**後天學習**獲得的。

回到本書的觀點，**吸引好運的能力，也不是與天俱來的強大運勢，而在於與零點能量場聯繫的能力**。也就是說，運氣是可以藉由學習改變內心世界的方法，**透過後天學習獲得的**。

讀到這裡，相信大家心中都會產生以下的疑惑——

那麼，改變內心世界的方法究竟是什麼呢？

第四、第五及第六章將會爲各位詳細介紹這個方法。

無意識只是通往深層內心世界的入口

第二章介紹了存在於內心的五種意識及個別的解釋、吸引以怎樣的型態發生、如何吸引好運。

另外也提到了內心與不同層次的意識聯繫時會產生不同的現象，運氣的表現方式也會不一樣。

那麼，如果想要在人生或工作中吸引好運，應該如何看待這五種意識呢？

首先回顧一下先前的內容。

第一章提到我們的內心狀態能夠吸引到與其產生共鳴的事物，因此若想要吸引到好運，內心世界就必須充滿正面想法。

第二章提到內心世界有五種意識，以及不同的意識分別會發生什麼。

如果想要吸引好運，應該如何看待這五種意識呢？

從結論來說，**這五種意識中最重要的就是第三種——自我無意識的世界**。

一般人會將自我無意識稱爲**「潛意識」或「深層意識」**。因爲字數的關係，後文會將自我無意識簡稱爲「無意識」，而自我意識則稱爲「表面意識」。

那麼，爲什麼第三種——無意識——是五種意識中最重要的呢？

有三個原因：

第一，因爲在人類群體或組織、社會中的集體意識及集體無意識的世界裡，除了一小群的人類群體之外，**個人的表面意識很難直接對其發揮作用**。

第二，因爲**無意識比表面意識更強**。

因此當無意識裡充滿著負面想法時，不管表面意識裡有多少正面想法，還是會吸引負面想法，使好運遠離。

第三，無意識是通往集體無意識及超時空無意識的入口，可以藉由無意識與深藏於內心深處的兩種意識進行聯繫。

因此，只要無意識裡充滿正面想法，集體無意識及超時空無意識裡也會吸引正面想法，並以直覺、預感、良機、共時性或聚合現象的型態，吸引到好運。

如上述所說，如果能讓無意識裡充滿正面想法，就能在必要的時候、以必要的形式從零點能量場吸引到必要的事物，所以不但能吸引好運，還能大幅提升直覺、想像力、聯想力及創造力，讓我們的能力獲得充分發揮。

希望吸引到好運、充分發揮能力的話，要怎麼樣才能讓無意識裡充滿正面想法呢？

其實，要讓無意識裡充滿正面想法是一件非常困難的事情。

截至目前為止，許多書籍和文獻都提到以下這種改變無意識的方法：

只要表面意識具有強烈的正面想法，就能滲透到無意識的世界之中，並吸引到好運。

許多人都嘗試過這個方法，卻**總是無法成功**，也有許多人得不到確切的效果。

說不定你也是其中之一。

爲什麼以往的方法無法成功，不能發揮效果呢？

我將在下一章說明原因。

第三章

為什麼坊間
改變意識的方法
無法發揮效果？

過去有許多書籍或文獻都提到讓無意識充滿正面想法的重要性，這些書籍和文獻裡也介紹了各種改變無意識的方法。

例如約瑟夫・墨菲（Joseph Denis Murphy）暢銷全球的著作《潛意識的力量》（*The Power of Your Subconscious Mind*）、拿破崙・希爾（Napoleon Hill）的《思考致富》（*Think and Grow Rich*），以及近期朗達・拜恩（Rhonda Byrne）的《祕密》（*The Secret*）和其他數不清的各種書籍。

這些書有一個共通點——都認爲讓正面思想滲透到無意識世界是吸引好運的必要方法。

因此這些書都告訴我們，只要讓表面意識充滿正面想法，正面想法就會自然而然滲透到無意識裡，並吸引正面的事物與好的際遇。具體方法大致有以下幾種：

①強力抱持正面想法。

②複誦正面的語言。
③寫下正面的文字並重複觀看。
④將正面能量牢記在心中。

舉例來說，如果希望新事業成功，可以這麼做：「在心裡不斷告訴自己這個事業一定會成功」「不斷說出事業一定會成功這句話」「將事業成功寫在紙上，貼在牆上每天看得到的地方」「描繪事業成功的具體情境並刻劃在心裡」。

因此，許多人已經理解讓無意識充滿正面想法的重要性，並依照著書裡介紹的方法去做，但事實上光是實行這些所謂改變無意識的方法，是絕對無法改變無意識的，也無法讓無意識裡充滿正面想法。

爲什麼大家過去聽說的這些方法都無法改變無意識世界，也無法讓無意識裡充滿正面想法呢？

主要原因有三個：

①無意識裡每天會不斷存入大量負面想法。

②無意識裡原本就存在許多負面想法。

③我們的無意識具有兩極性質，會產生與表面意識相反的想法，因此如果一直想著要抱持正面想法，就有可能反而在內心深處產生負面想法。

爲什麼我們經常被負面想法牽著鼻子走？

先來看第一個原因，**爲什麼無意識裡每天會不斷存入大量負面想法？**

因爲**充斥於整個世界的負面訊息**如洪水般向我們襲來，使我們心裡每天都沾染大量負面想法。

最嚴重的是每天不經意之中接收了許多來自媒體的訊息，無意識便會持續沾染上負面的想法。

例如某天不經意在電視節目上看到恐怖的疾病、無意間在報紙上讀到嚴重的交通事故、在電車上的雜誌廣告上瞥見重大刑案。

這些訊息每天都在不經意之中，持續將不安或恐懼等負面想法帶到我們的無意識之中。

指出這個問題嚴重性的，是威爾遜．布萊恩．凱（Wilson Bryan Key）的著作《媒體性剝削》（*Media Sexploitation*）和《操控的年代》（*The Age of Manipulation*）。布萊恩．凱在書中不斷提醒大眾，媒體每天大量重複釋出的各種訊息，將不知不覺烙印在我們的無意識（閾下），並在無意間支配我們的行爲。

也就是說，電視、廣播、報章雜誌、網路及社群網站等媒體每天釋出的大量負面訊息有如洪水一般，將許多負面想法烙印在我們的無意識之中，這就是我們無法輕易讓無意識世界充滿正面想法的原因。

再來看第二個原因，**爲什麼我們的無意識裡原本就存在許多負面想法呢？**

那是因爲**每一個人都有過負面的經驗**，而這些經驗都會在心裡種下負面想法。

例如小時候常被父母指責是個沒用的孩子，長大之後，即使表面意識已經忘記這件事，但在無意識中還是會抱持「我是沒有用的人」這種自我設限的負面想法。

或是從小就因爲外貌感到自卑的人，會不自覺地一直抱持著「反正我就是長這樣」的負面想法而自我否定。

另外像是成長於貧困家庭、遭受過家庭暴力、書讀不好的自卑感、升學或求職上遭遇挫折等，有過這類極度負面經驗的人，即使表面意識對這方面的記憶變得薄弱，還是會在無意識中抱持自我限制或自我否定的負面想法。

最可怕的是，即使沒有這類極度負面的經驗，**我們在內心深處還是或多或**

少會抱持著因為過去的負面經驗而產生的不安或恐懼、不滿或憤怒、厭惡或憎恨，以及自我限制或自我否定等負面想法。

其實不只是正在閱讀本書的你，或是我自己，每個人的內心深處或多或少都有這樣的負面想法。

但因為這些想法存在於無意識之中，因此我們的表面意識當然很難察覺到。

這才是負面想法最可怕的地方。

例如生長於幸福家庭的人，不但學業優秀，個性也很受人歡迎。人生看似一帆風順，心裡的某個角落裡卻抱持著「如果我無法回應父母的期待，就會變成沒有價值的人」這種強迫觀念和自我否定的想法。這樣的人其實不在少數。而這些強迫觀念和自我否定的想法，會使這個人即使身處順境，仍然會走上不幸的人生道路。

如果我們願意花一點時間接受專業心理諮詢，任何人都會發現內心深處其實潛藏著許多未曾察覺的負面想法。即使不透過諮商，也可以藉由內觀等方法審視內心，某種程度也可以因而發現深藏於心中的負面想法。

每個人終其一生只發揮不到一〇%的能力

那麼，爲什麼媒體的負面訊息和人生中的負面經驗所產生的負面想法，會使好運遠離，並吸引壞運呢？

其中一個原因在於**負面想法會使我們原本具備的能力變差，妨礙這些能力充分發揮**。

第二章提到，如果無意識裡充滿正面思想，不但能吸引好運，也能進而引導出我們的能力。也就是說，無意識裡所抱持的不安或恐懼、不滿或憤怒、厭惡或憎恨，以及自我限制或自我否定等負面想法，會妨礙我們發揮應有的能力。

舉一個簡單的例子。

用粉筆在地上畫兩條間隔三十公分的平行線，請你走在這個範圍內，不能超出線外。對身體沒有障礙的正常人來說，並不是什麼困難的事。

但如果這兩條線換成了懸崖峭壁邊、寬度僅有三十公分的步道呢？

相信大部分人都會產生「掉下去就死定了」的恐懼，或是「這麼窄的步道我沒辦法走」的自我限制，一想到就不禁縮起腳，一步也跨不出去。

也就是說，雖然原本很有把握可以走在三十公分寬的範圍裡，**一旦心中產生不安或恐懼、自我限制或自我否定的意識，原本的能力就會在那一瞬間萎縮，而無法發揮原有的實力**。

除了生理上的能力，其他像是直覺或想像力、聯想力或創造力等心理能力也是如此。

了解這個原理之後就會知道，前文提到因為每個人的無意識裡或多或少都抱持著不安或恐懼、自我限制或自我否定等負面想法，所以我們無法充分發揮原本的能力。

自古以來，深層心理學就提出以下的觀點：

每個人終其一生只發揮了不到一〇%的能力。

這句話說得沒錯，但反過來說，如果可以消除內心深處無意識裡的負面思想，以及自我限制和自我否定，並讓無意識中充滿正面想法，就能吸引好運，甚至還能讓潛藏於內心的潛在能力大大發揮，遠超過自己的想像。

事實上，許多世人眼中的**天才，就是發揮潛在能力比一般人多好幾倍的人**。因此，如果我們能消除心中的負面想法，讓內心完全充滿正面想法，就有可能充分發揮才能。

關於「每個人都蘊藏著成爲『天才』的可能性」，在拙著《多重人格的天賦力量：你有多少人格，就有多少才能！》中說明得非常清楚。可惜的是，消除無意識中的負面想法、使之充滿正面想法，是一件非常困難的事。

原因就是前文提到的：首先，各種負面想法會透過媒體，每天不斷進入並深植於我們的無意識之中；第二，因爲過去發生過的負面經驗，無意識裡已經烙印了許多負面想法。

那麼第三個原因是什麼呢？

內心世界如同電流，會同時產生正負極

原因就是前文提過的，無意識具備兩極性質，會產生與表面意識完全相反的想法。

也就是說：

即使表面意識抱持強烈的正面想法，

無意識卻會抱持完全相反的負面想法。

意思是無意識具備了兩極性質，這也是一般大衆認知的改變無意識的方法——在表面意識強烈抱持正面想法——無法發揮功能的最大原因。

爲什麼呢？

因爲我們的**內心世界跟電流很像**。

相信大家都知道正電荷和負電荷是同時存在且等量的。

小學的自然實驗中有學過，以絲絹摩擦玻璃棒後，上頭會帶正電荷，這時絲絹上也會產生等量的負電荷。

就像電荷的正負極現象一樣，**強行將正面思想拉進表面意識時，無意識裡也一定會產生負面想法**。

再舉一個簡單的例子。

當我們下定決心做某件事的時候，如果刻意大聲說出自己的決心，就會發生這樣的事。

例如考試、比賽、設定工作目標、挑戰某些困難的課題時，越是大聲向身邊的人宣示「我一定會考上！」「我一定會贏！」「一定會達成目標！」，內心深處就越會產生「我眞的辦得到嗎？」「搞不好做不到……」「如果沒做到怎麼辦？」這樣的迷惘與不安。

像這樣，如果刻意將正面想法拉進表面意識，無意識裡就一定會產生負面想法。

再加上無意識具備兩極性質，所以如果是坊間大力提倡的改變意識方法，例如：強力抱持正面想法、複誦正面的語言、寫下正面的文字並重複觀看、將正面能量牢記在心中……

這些方法都不能順利達成目標。

哪種人心裡不會產生負面想法？

那麼，到底應該怎麼做才好呢？

我們究竟該如何處理無意識的兩極性質？

在找出答案之前，必須先思考一件事。

「任何人將正面想法拉進表面意識時，都一定會在潛意識中產生負面想法嗎？」

事實上，**有一種人即使將正面想法拉進表面意識，潛意識裡也不會產生負面想法**。

是哪一種人呢？

就是天眞無邪的孩童。

當我們問天眞無邪的孩童「你長大後想做什麼？」，即使孩子回答長大後想成爲太空人，他的心裡也不會產生「我眞的當得上嗎？」「該不會無法實現吧？」或是「當不成的話怎麼辦？」這種負面想法。

因爲孩童是天眞無邪的。

天眞無邪就是無邪念，因爲天眞無邪的孩童本來就沒有**「邪念」**——**也就**

是**「負面想法」**。

相較之下，成年人不但已經脫離天真無邪的年紀，甚至還學會了**分辨**，所以心中很容易產生負面想法。

分辨字面上的意義，就是**將事情分成不同的兩邊**，像是眞與僞、善與惡、美與醜，甚至是達成與挫折、成功與失敗、勝利與敗北等。

所以懂得分辨的成年人在抱持某些正面想法（眞、善、美、達成、成功、勝利等）時，就會同時在心裡產生相反的負面想法（僞、惡、醜、挫折、失敗、敗北等）。

難道所有大人一旦在心裡抱持正面想法的同時，就一定會產生負面想法嗎？

這倒也未必。

即使是成年人，只要像孩童一樣擁有天眞無邪的心，想法的分離就不會發生在我們身上。

放眼望去會發現，其實社會上許多成功的創業家都有一顆天真無邪的心。特別是創投成功的創業家，經常會樂觀地發下豪語「一定要讓公司規模變大！」「這個事業一定會成功！」，讓人不禁懷疑他們的大腦裡是不是沒有挫折、失敗、敗北這些詞。

除了公司老闆或創業家，這一點也是藝術家及運動員等在某領域中獲得成功的人的共同特色。

不過這些人並不是只靠天真無邪的人格特質在做事。我在《多重人格的天賦力量》也提到，這些人還同時具備現實人格及縝密人格，可以根據所處的環境及狀況切換不同人格，以因應各種不同的場面；不過他們之所以能在各種情境下吸引好運氣，並將工作引導到成功的方向，主要靠的還是天真無邪及樂觀這樣的能力。

讓心中充滿正面思想的三個方法

讀到這裡，或許你會有這樣的疑惑：

「並不是每個人都能像孩童那樣具備『天眞無邪的心』。如果沒有，該怎麼辦呢？」

這應該是最多人的疑惑，同時也是非常重要的問題。

請大家回想一下本章的內容，以釐清我們現在面對的問題。

①只要表面意識及無意識充滿正面想法，就能吸引正面的事物或邂逅，進而吸引好運。

②就算表面意識裡有正面想法，我們還是會因爲媒體訊息或過往的經驗而使無意識沾染上許多負面想法，使正面思想無法滲透。

③即使表面意識抱持許多正面想法，但是無意識卻會產生完全相反的負

面想法。

難道這些惱人的問題沒有解決的方法嗎？

當然有。

這個方法並不是坊間常見的改變無意識方法。坊間的方法都教人在表面意識裡強烈地抱持正面想法，再使其滲透到無意識之中。但這個方法之所以容易失敗，是因爲無意識之中已經有許多負面想法，會折損這些正面想法。

因此，問題就在於——究竟要如何消除表面意識和無意識之中的負面想法。

總結就是一句話：

改變無意識的方法最重要的，

不是抱持正面想法的方法，
而是消除負面想法的方法。

也就是說，與其讓正面想法滲透於無意識之中，不如設法察覺無意識中的負面想法，並逐一消除，才是更重要的。

那麼，究竟是什麼樣的方法可以消除負面想法呢？

就是前言中提到的三個方法：修正人生中的習慣、改變對人生的詮釋、滲透對人生的覺悟。具體來說是：

①「淨化無意識裡的負面想法」方法。
②「翻轉人生的負面經驗」方法。
③「學習最極致的正面人生觀」方法。

接下來我將在第四章、第五章及第六章中，爲各位介紹這三個方法。

在此之前，先聊一些非常重要的事情。

這三種消除心中負面想法的技術，並不單純只是**吸引好運的方法**，同時也是**戰勝疾病**及**讓才華開花結果**的方法。

爲什麼呢？

在說明原因之前，先來說說當初我爲什麼開始學習並持續實踐這些方法。

戰勝疾病、讓才華開花結果，同時提升運氣的方法

老實說，當初我會開始學習並實踐這三個方法，並不是爲了吸引好運。

最初的目的是戰勝疾病。

三十六年前，我生了一場攸關生死的大病。

醫生說我活不久了，當時我每天身處在即將失去生命的不安與恐懼中，彷

佛活在地獄裡。

現在回想，當時我每天都在想：「再這樣下去，我的身體會變成怎樣？」對未來的不安與恐懼折磨著我。同時又想：「爲什麼我會生這種病？」心中充滿著對過去的後悔和自責，每天都承受這樣的折磨。

換句話說，當時我每天都被最沉重的負面想法緊緊包圍。

在這樣的水深火熱之中，我在因緣際會下認識了一位師父。現在回想起來，或許是受到了某種指引吧。

這位師父教導我**淨化心靈的方法**。

也就是**將心中的負面想法、不安與恐懼、後悔與自責，甚至是不滿與憤怒、厭惡與憎惡等負面想法連根拔起的各種方法**。

當時的我面臨生死交關，抱著孤注一擲、抓住最後一絲希望的想法，決定試試師父教我的方法。持續一段時間之後，我心中對疾病的不安與恐懼居然消失了，後悔與自責的念頭也不見了，甚至感覺心中湧出了強大的生命力，病情也慢慢好轉。

持續實踐這個方法十年之後，我的病就好了。

我可以戰勝病魔，現在活力滿滿地從事寫作、演講及教育工作，並持續為社會貢獻心力，都要歸功於三十六年前學到的方法。

光是這些成果已經夠令人開心的了，但其實我還因為持續實踐這個方法而發生了一件不可思議的事。

這件事應該稱得上是才華開花結果吧。

對一個從事研究的人來說，可以像現在這樣以創業者或經營者的身分活躍於業界並獲得好成果，已經夠不可置信了。而我甚至還能以講師的身分，甚至是私塾負責人的角色，從事各種培育人才的工作，也是十分不可思議的事。

此外，過去二十多年來，我還在未來論、社會論、組織論、人論等各種領域出版超過九十本著作，對於年輕時總感嘆自己沒有才華的我來說，實在非常難以置信。

認眞而持續實踐這套淨化心靈及消除內心負面想法的方法，帶給我的不只是戰勝疾病及才華開花結果。

從提升運氣這個角度來看，另外還發生了令我嘖嘖稱奇的事。

這些事和發揮才華有密不可分的關係。我發現自己在人生及工作上都能在對的時間遇到對的人；此外，在重要場合中都會發生符合共時性現象的事件，並將事情發展引導到好的方向。

若要詳細說明這些事件，可能要多花一整本書的篇幅。我想說的是，發生在我身上的事情，可說是名副其實的**一連串不可思議的邂逅與際遇**。

這一切都要歸功於三十六年前結緣的師父。多年來我每天不間斷實踐師父教我的心靈淨化法，並加以內化、系統化之後，就是接下來要跟各位讀者介紹的三個方法：修正人生中的習慣、改變對人生的詮釋、參透對人生的覺悟。

第一個方法「修正人生中的習慣」，這是任何人都能輕鬆實踐的方法，各位讀完本書之後可以馬上試試看，一定或多或少能感受到「實踐力」的效果。

第二個方法「改變對人生的詮釋」就稍微有一點難度，不過只要學會這裡所謂的「詮釋力」，就能迅速消除內心的負面想法，效果絕對出乎意料。

第三個方法「參透對人生的覺悟」難度最高，但只要學會這裡所謂的「人生觀」，應該就能掌握最極致的正面想法，讓心中不再產生負面想法。

接下來，我將從第四章開始說明這些方法。

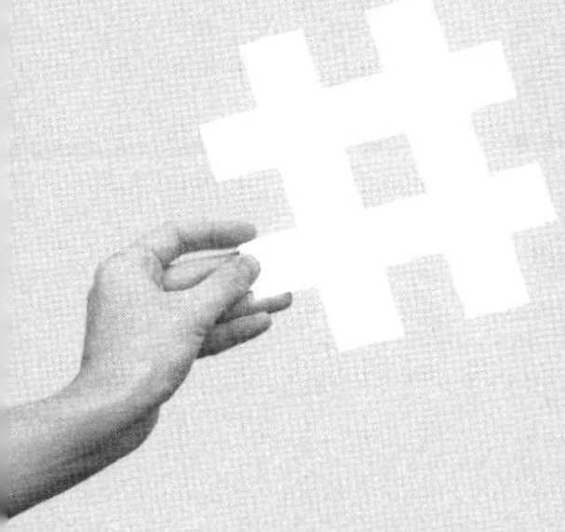

第四章

心靈淨化法①

修正習慣，
淨化無意識裡的負面想法

改變無意識並吸引好運的**第一個方法，就是將存在於無意識中的各種負面想法加以淨化**。

具體來說應該怎麼做呢？

坊間有各種不同的方法，本書介紹的是其中特別重要的方法。

這個方法就是改變每天的習慣，養成以下三個習慣：

第一個習慣：委身於大自然的偉大淨化力。

第二個習慣：活用潛藏於語言的淨化力。

第三個習慣：運用和解念頭的淨化力。

大自然具有淨化無意識的偉大力量

首先，第一個習慣「委身於大自然的偉大淨化力」，是怎麼樣的習慣呢？

說穿了非常簡單：

沉浸於大自然之中。

讀到這裡，或許會有人懷疑：「這樣就能淨化無意識嗎？」事實上這個方法有很大的效果。

小說或電影裡經常出現主角遇到挫折、身心俱疲的時候回到故鄉的場景。回到老家後到附近的海邊走走，遠眺廣闊的大海，就會感覺眼前的困境實在微不足道，沉澱心靈後得以重新振作。

置身於天空與雲朵、大海與湖泊、高山與森林、樹木與花草、日出與夕陽、星星與月亮等雄偉的大自然與優美景色之中，確實會讓人無條件感到心曠神怡，感覺心靈受到淨化。

「遠眺一望無際的大海，心情就開朗許多。」

「仰望星空，煩惱似乎變得微不足道。」

很多人都曾有過這樣的心境變化。

各位應該也不例外吧。

大自然的心靈淨化力不只能讓表面意識的情緒變得清爽、讓心靈受到洗滌，**更具備了能夠確實拭去負面想法、淨化無意識的功能**。

不過，藉由委身於大自然的淨化力來淨化無意識時，有一件事情非常重要。

那就是前文提到的**沉浸**於大自然之中，並且必須與大自然**面對面**。

如果只是身處大自然之中、眺望眼前的景象，是無法淨化無意識的。

可惜的是，許多人難得走進優美的大自然，眺望美景時卻沒有與大自然面對面，沒有沉浸其中。

我目前住在富士五湖一帶，居住於大自然之中，幾年前曾獨自一人在富士山五合目附近眺望美麗的夕陽。不久，來了一群鬧哄哄的學生，他們以夕陽爲背景擺出各種姿勢拍照，拍完照就走了。

相信大家都有過這樣令人莞爾一笑的青春歲月，可惜的是他們當時沒有與大自然面對面，也沒有沉浸其中，拍完照便匆忙離去。

若眞心想要委身於大自然的淨化力、淨化無意識世界，不論是天空或大海、高山或森林、日出或夕陽、星星或月亮，只要**安靜地獨自與大自然面對面，委身於其中**就可以了。如此一來，便能在心中浮現大自然進入體內的畫面。這時最好再搭配深呼吸，安靜而緩慢地大口呼吸新鮮空氣，再將所有氣吐出。

只要將這個方法培養成習慣並經常實踐，就能讓我們的表面意識，甚至是無意識確實獲得淨化。

這裡所說的大自然，並非一定要去知名觀光景點欣賞絕美景色不可，即使是附近的公園綠地、經常路過的不起眼行道樹或花草樹木都可以，重要的是**虛心面對**大自然，**養成習慣**，並且**經常實踐**。

眞正的靜心是自然發生的

自古以來，人類社會中的瑜伽或打禪等各種**靜心**活動，其實也屬於心靈淨化的方法。

如果能夠練習靜心，確實可以消除心中的負面想法，進而淨化無意識。但靜心卻不是一個簡單的方法。

近幾年來，正念療法和靜心似乎形成一股風潮，但許多實行正念療法與靜心的人，卻都只停留在放鬆及內觀階段，多數無法進入眞正的靜心狀態。

這一點在廣義的靜心——**坐禪**上也是一樣。

常聽說政治人物或企業家有坐禪的習慣，但很多人其實都無法眞正進入無念無想的境界，坐禪時必須隨時對抗湧出的各種雜念，有些人甚至還停留在必須同時克服腳麻的階段。

爲什麼會這樣呢？

爲什麼靜心那麼難？

原因就在於多數人並不完全了解靜心的本質。

靜心不是「刻意實行」的，

靜心是「自然發生」的。

也就是說，眞正的靜心並不是**刻意進**入靜心狀態，而是等待內心從某一個瞬間開始**自然進入**靜心的狀態。

反之，不論靜心或坐禪，無法順利進入狀況的原因，都是因爲**人爲的意圖**。如果一直抱著「要快點進入無念無想的狀態」或是「想盡快進入靜心狀態」這種人爲意圖，這些想法就會轉化爲雜念，反而帶來了無法進入靜心狀態的反效果。

正因如此，本書比較推薦大家以沉浸於大自然之中作爲淨化無意識的方法，而非靜心。因爲沉浸於大自然之中是最容易讓心靈**自然進入**靜心狀態的方法之一。

也就是說，只要我們進入大自然、委身其中、內心懾服於大自然的美好，這時，靜心就會自然發生了。

舉例來說，當我們欣賞壯闊的日出、眺望美麗的星空時，心中會自然浮現「日出眞是太美了！」或「怎麼會有這麼美的星空！」這樣的想法。

事實上，心中產生這些想法的前一刻，**就在那一瞬間，我們的心會進入靜心狀態，同時開啓通往無意識之門**。

在那一瞬間之後，**心中浮現感動的想法時，我們就回到了表面意識**，回到了人爲意圖的狀態。

了解這樣的運作機制之後，即使時間非常短暫，我們也能做到在沉浸於大自然時進入**深層靜心**。也因爲**進入靜心狀態時，時間的概念會消失**，重要的不是靜心時間的長短，而是靜心的深度，我認爲只有沉浸於大自然才是眞正能夠進入靜心的方法。

這麼說並非否定瑜伽、坐禪等其他靜心方法。這些方法在過去長遠的歷史中建立了深度思想與高度技法，而且效果也獲得證實，只要認眞實行，便能進入極深層的意識之中；但這必須仰賴長年累月的修行，也是不爭的事實。因此如果只學到方法的表面、實踐的時間不夠長，就只能得到前文提到的放鬆或內觀效果了。

借用淨土宗祖師法然上人的說法，這類宗教方法其實分爲**「難行道」**和**「易行道」**兩種。意思是修行有兩種不同的方法，可以藉由困難的修行、通往最高境界，或是藉由任何人都能輕易實踐的簡易修行方式，慢慢地往更高境界邁進。

從這層意義來看，本書推薦給大家的沉浸於大自然便屬於易行道，也就是比較容易進入靜心狀態的方法。

日常中「不經意的話語」會滲透到無意識之中

第二個習慣「活用潛藏於語言的淨化力」，簡單地說，就是以下兩個方法：

①不使用負面的日常用語。

②使用正面的日常用語。

或許有些人會覺得這是老生常談。

這個方法中最重要的關鍵就是**日常用語**。

坊間改變無意識的方法，大多是提倡有意識地為自己加油打氣、用正面語言激勵自己。不過前文已經提到，即使我們希望無意識變得正面、在表面意識使用正面語言，也會因為無意識具備兩極特質而同時產生負面的想法。

那麼，到底應該怎麼做才能改變無意識世界呢？
說明方法之前，必須先了解無意識世界的另一個重要特質：

表面意識無法察覺的型態所顯現的意象，
和表面意識無法察覺的型態所傳遞的訊息，
都會滲透到無意識之中。

這也就是第三章裡提到的**無意識效果（閾下效果）**。

什麼是無意識效果？例如在放映電影時，將觀衆不會察覺的一些特殊畫面穿插進電影中，藉以影響觀衆的無意識。又例如以觀衆無法察覺的極快速度，在電影中密集地穿插炎熱的沙漠及冰涼的可樂等畫面，觀衆看完電影後便會產生覺得口渴、想喝可樂的心理效果。

就像這種無意識效果所象徵的意義，許多**不經意中**顯現出的意象、不經意之中接收的訊息，甚至是不經意之中所聽到的日常用語，都很容易滲透進我們的無意識之中，影響程度甚至高於刻意傳遞的意象或訊息。

因此，如果希望對自己的無意識進行某種作爲，**刻意的自我暗示，實際上不太能進入無意識，但不經意使用的日常用語，卻會以驚人的效果滲透進無意識之中。**

如此一來，想必各位應該就能了解爲什麼像是「強烈抱持正面想法」「重複說出正面的語言」「將正面的語言寫下來並重複觀看」「把正面的意象烙印在心中」等過去推崇的方法並不能得到很好的效果。

同時，各位應該也能理解本書所推薦的兩個方法「不使用負面的日常用語」「使用正面的日常用語」之中，應該先實行的是——不使用負面的日常用語。

像是「不行啦！」「我辦不到！」「太過分了！」「好差勁！」等強烈而感情用事的批評言語，都應該盡可能不要使用。

習慣在日常生活中使用這些負面語言的人，雖然表面意識並沒有自我破壞的想法，但這樣的語言一旦滲透到無意識之中，就會變成負面想法，有時候甚至會以超乎想像的方式吸引自我破壞的事物。

批評與否定他人的語言，終究會回到自己身上

負面的日常用語還有一個大家應該知道的恐怖特質。

這是一種**「主詞會消失」的特質**。

如果我們用很強烈、很情緒化的方式說出批評人的話，這些話的主詞會在無意識之中消失，「述語」會回到自己身上。

舉例來說，嚴厲指責他人時所說的「那人眞是個糟糕的傢伙！」「那個人一定不會成功！」「像他那種人一定會倒大楣！」，主詞會在無意識之中消失，變成「糟糕的傢伙」「不會成功」「倒大楣」，然後回到自己身上。

自古以來，這就是**意識的一種不可思議的性質**，日文諺語中有句話叫作「詛咒他人，要挖兩座墳墓」，意思是「害人者，人恆害之」。

雖然諺語中使用的不是「殺人」這種極端的說法，但這句諺語告誡我們，如果因爲憎恨某人、在心裡產生怨懟的話語，雖然對方確實會遭遇到不好的事情，但同樣的惡也會回到自己身上。

因此若要養成習慣，活用潛藏於語言的淨化力，最重要的就是**不使用負面的日常用語**。

在日常生活中養成這個習慣並加以實踐之後，接著再學第二個方法：

使用正面的日常用語。

只要能理解前文中提到的無意識世界的性質，就不需再多做說明；不過還是要再強調一次，使用正面的語言，並**不是因爲「有意識地進行自我暗示」**，**而是應該讓正面的語言成爲「無意識的日常用語」**。

關於這一點，我之後會用「三感」這個詞來爲各位說明。只要我們能**自然**

地讓正面語言從口中流洩而出，無意識世界就會確實獲得淨化；變得正面的同時，也會吸引正面的事物或邂逅，吸引好運，爲人生帶來重大的轉變。

自古以來，人類傳承下來的智慧就告訴我們日常中使用的正面語言具有強大的力量。

例如，曹洞宗的創始人道元禪師在《正眼法藏》就提到**「應該充分學習並了解充滿愛的言語具有迴天的能力」**，套用到本書的主旨也可以解釋爲「正面的日常用語（愛語）具有改變世界（迴天）的能力」。

此外，佛教的**八正道**中也提到**正語**（說正確的話）的重要性。

使用「三感」語言吸引好運

那麼，若想藉由使用正面的日常用語來淨化無意識，應該要用什麼樣的語言呢？

以下三種「感」的語言非常重要：

①「感嘆」的語言。

②「感謝」的語言。

③「感動」的語言。

第一種「感嘆」的語言，指的是稱讚他人的優點。

這幾年坊間非常強調讚美技巧的重要性，以達到良好的管理效果，也有許多人以各種型態進行「如何誇獎」「應該使用哪些讚美的語言」的討論。但本書所說的稱讚並不是這個意思，本書介紹的並不是「藉由讚美來提升對方的動機、加強與對方的人際關係」這類**操作主義的行爲**。

自古以來，日本就有**愛語讚嘆**的說法，本書中所說的稱讚就像這句話所說的：發覺對方的優點、優於他人的長處後，就**無條件打從心底稱讚**。

也就是說，本書所說的感嘆的語言和稱讚的語言，都不是那種操作主義、意圖式的語言，而只是自然而然脫口而出讚嘆的話語。

第二種「感謝」的語言，是心存感激、由衷而發的語言。

最容易理解的例子就是**得到他人親切的對待之後，由衷誠摯地說出「謝謝」兩個字**。

另一方面，擔任服務業或業務行爲時所說的「謝謝」，則因爲通常都不是打從心底而出，所以絕對無法使無意識變得正面。不過，就算是服務業或業務行爲，只要養成打從心底誠摯說出謝謝的習慣，就能確實讓我們的無意識變得正面。

此外，說出感謝的話語也不僅限於受到他人親切的對待，面對生命中發生的各種際遇都能說得出感謝，也是很重要的。

例如搭著計程車飛奔到車站，終於在最後一刻趕上了要搭的車，在心中發出「太感恩了，我趕上了！」也是非常重要的。或是平凡的生活中家人難得齊聚一堂用餐，自然說出「一家人能這樣聚在一起真是太感恩了」，也是很重要的習慣。

只要像這樣對於人生中的許多事物抱持著感謝的習慣，不但會自然而然發生幸運的事，即使遇到不順利的事也能告訴自己「太感謝/感恩了」。關於這一點，會在第五章跟各位進一步分享。

第三種「感動」的語言，是指接觸到美妙的大自然時，爲了表達當時的感動所發出的語言。

例如「好美的星空！」「多麼舒服的風！」「夕陽太美了！」等。

生物學家瑞秋·卡森（Rachel Louise Carson）在臨終前說的一句話「sense of wonder」非常有名，這句話可以翻譯爲「驚嘆的心」。我們應該珍惜這種感知，不要吝於開口。

此外，這些感動的語言，並非只有接觸大自然時才可以用，也可以用於接觸到優美藝術或音樂的時候。

以上介紹的是為了淨化無意識的世界，不要使用負面日常用語、多使用正面日常用語的重要性，其中一個方法就是善用感嘆、感謝、感動的三感語言。

在習慣這些語言之前，可能要有意識地在日常生活中刻意提醒自己，養成習慣之後，就會自然脫口而出了。如此一來，這些正面的語言就會滲透到我們的無意識之中，同時使無意識中的負面想法得到淨化。

為什麼只要開口就能改變內心？

思考語言和心之間的關係時，必須先理解一件事情。那就是佛教所說的**「身心一如」**。

這句話的意思是，我們的心和身體本來就是一體的，當我們的心改變身體的同時，身體也會跟著改變心的狀態。

同樣地，如果我們廣義地將語言比喻為身體，**心的狀態不但會改變我們所**

說的語言，語言也會改變心的狀態。

簡單來說，因爲我們心裡抱持感激的想法，因此會說出謝謝；反之，當我們說出謝謝的同時，心裡也會變成感激的狀態。

西方也有類似身心一如的概念，哲學家梅洛龐蒂（Maurice Merleau-Ponty）提出的「身體性」，講的也是相同的概念。

佛教的宗教思想提到身心一如，是有明確原因的。因爲宗教的目的之一就在於改變我們的「心性」。事實上，想要藉由某些行爲直接改變一個人的心是非常困難的，因此許多宗教都藉由改變日常的言行舉止來改變心性。

這也是許多宗教非常重視「行」（舉止、行爲、行動）這類肢體動作，並且重視「修行」的原因。

舉個簡單的例子，當我們思緒清晰時，自然會挺直腰桿；另一方面，只要腰桿打直了，思緒就會變清晰。到宮廟參拜的時候也一樣，內心自然會變得虔誠而平靜，相信大家都有這樣的經驗。

藉由身心一如的原理，希望以語言影響內心時，有件事情非常重要。那就是**平常說話的時候，要進行使內心與語言一致的修行**。

舉例來說，當我們開口說出「謝謝你」的時候，心中也要同時有這樣的想法；當我們稱讚別人好棒的時候，心裡也要同時覺得對方很棒。

或許有人覺得這是老生常談，但事實上社會上卻有許多**心口不一的人**。

像是假笑著說謝謝的人、笑著說沒關係但其實心裡很介意的人，以及表面上稱讚他人但表裡不一、口是心非的人。

這樣的人其實不在少數。

像這種心口分離的人，從誠實的角度來看自然也是十分令人惋惜，而且如果在日常生活中沒有養成這種習慣，就算想要實踐這裡所說的身心一如、藉由語言來影響無意識，也無法達到很好的成果。

相反地，如果能在日常生活或工作之中經常修行，使心與口合一的話，就能強化身心一如的狀態，也就比較容易達到以日常用語淨化無意識的境界。

負面想法大多來自於人際關係

淨化無意識的第三個習慣「運用和解念頭的淨化力」，是怎麼樣的方法呢？

就是與每一個在日常生活或人際關係上發生摩擦、反目或衝突的人，在心裡進行和解。

為什麼這個方法有效呢？

因為事實上**我們心中大多數的負面想法都來自於人際關係中所產生的摩擦**、**糾葛**、**反目或衝突**。

只要是人，都無法避免與其他人接觸，離群索居。但包含我在內，每個人心中都有自我，每個生活在世上的人都是不成熟的人。

因此，不管是在親屬、朋友或職場等人際關係之中，每個人都可能會面臨與其他人發生摩擦、糾葛、反目或衝突等煩惱。

像是很多人都會遇到類似「最近跟先生或太太的關係不好」「跟老朋友吵架了」「不受公司主管喜愛」等問題。

這些問題會引起現實生活或工作上的各種麻煩。就算不會造成實際生活上的麻煩，從中產生的摩擦、糾葛、反目或衝突，還是會在我們的心裡產生不安或恐懼、不滿或憤怒、厭惡或憎恨等負面想法，進而引發各種問題。

在無意識之中，這種負面想法會吸引其他負面的事物、吸引壞運，這件事在前面已經說過很多次了。但問題是，我們到底應該如何面對各種人際關係所產生的負面想法呢？

要處理這種負面想法，有一個非常明確的方法。

那就是**與所有人和解**。

也就是和自己心中感覺到摩擦或糾葛、反目或衝突的人，以及感覺到不安或恐懼、不滿或憤怒、厭惡或憎恨的每一個人和解。

有些人以為這是叫大家直接和這些人見面、向對方道歉、取得對方原諒、相互和解。

但這在現實中是不可能的。就算辦得到，也沒有必要這麼做。

那應該怎麼辦才好呢？

可以在內心世界裡與每一個人和解。

也就是說，並非在現實世界裡，而是在內心世界裡和這些人和解。

要做到這一點，就必須繼續實行以下三個步驟。

在心裡說出感謝的話，與每一個人和解

第一個步驟就是「藉由內觀找出糾結」。

所謂的內觀，是指靜下心來看清楚心裡的每一個角落。這麼做可以看清楚

與他人關係裡的**內心糾結**。所謂的內心糾結，指的就是因為摩擦或糾葛、反目或衝突而引起的**心裡的疙瘩**。

換句話說，如果我們心中浮現某人的畫面時，會覺得「心裡好像有點卡卡的」「有種不舒服的感覺」「想到就不開心」，那麼第一個步驟就是要靜靜內觀自己的心，找出內心的糾結或心裡的疙瘩，並回想一下讓自己有這種感覺的人。

第二個步驟是「釐清自己的情緒」。

在心中觀想這個人之後，靜下心來仔細回想，為什麼自己會對這個人抱著「心裡好像有點卡卡的」「有種不舒服的感覺」「想起來覺得不開心」的感覺。

靜下心來的意思是，心中出現以客觀角度審視自己的「另一個自己」。

或許有人會覺得驚訝，但一般我們在評論某些人的時候，確實會使用「他看不見真正的自己」或是「她迷失了自我」這樣的說法；相反地也會有「他知道自己在做什麼」或是「她重新審視自我」這樣的表現方式。

顧名思義，**每個人的心裡其實都有「另一個明智的自己」，讓我們可以用旁觀的客觀角度審視自己**。

每個人的心裡都有另一個自己，但若是較容易感情用事的人，內心深處的另一個自己就比較不容易浮現；相反地，不容易感情用事、較冷靜的人，另一個自己就會在需要的時候自然浮現。

不過即使是容易感情用事的人，只要願意相信心裡有另一個明智的自己，並且提醒自己以「另一個我的視角」去審視情緒，那麼另一個自己就很自然會出現。

仔細回想的意思是，從深層的角度找出情緒的原因。深層地去思考，爲什麼自己會對這個人產生這樣的情緒。

例如覺得某人前幾天所說的話似乎「瞧不起我」，覺得心裡不舒服。仔細回想之後，發現是因爲這個人之前的某些行爲讓自己感覺「被看扁了」。

就像這樣，如果有了「心裡好像有點卡卡的」「有種不舒服的感覺」「想起來覺得不開心」這類情緒，便要仔細而深層地思考自己心裡是否存在糾結或產生疙瘩。

第三個步驟是「與對方和解」。

就像這樣，只要察覺自己的內心有「好像有點卡卡的」「有種不舒服的感覺」「想到就不開心」的糾結或疙瘩等情緒，並靜下心、仔細審視自己的內在，自然就能在心裡誠實地與對方面對面。

這裡所說的面對面是指**態度不扭捏**、**正面相對的意思**。

因爲一旦我們對人抱持負面情緒，就會在不知不覺中以扭捏的態度面對這個人。於是就會帶著「反正他就是這樣」「沒什麼好說了」「反正他終究如此」等偏頗的觀點看這個人。

或許有人會說：「但面對討厭的人就眞的讓人忍不住動怒，沒辦法與他『面對面』。」

這是人之常情，我非常能夠理解這樣的情緒。

如果實在無法面對面，不妨試試以下的做法。

試著感受一下：「如果我是對方的話，會怎麼想？」

也就是從不同的觀點來檢視兩人之間的關係。

如果能切換觀點，或多或少就能理解對方爲什麼會這麼做，也能體會對方的想法和情緒。如此一來，自然就能與他面對面了。

在心裡與對方面對面之後，距離與對方和解，就只差最後一步了。

最後一步是什麼呢？要怎麼樣才能跨出去？

讓我用一句話來說明。

爲什麼感謝的話可以讓心變得寬廣？

這句話就是：**在心裡說出感謝的話。**

在心裡對這個人說：「某某先生／小姐，謝謝你。」

或許有些讀者會覺得：「這麼簡單的一句話，怎麼可能有效果？」但神奇的是，簡單的一個動作就會讓內心開始發生變化。

「在心裡說出『感謝』的話」這個方法其實蘊含了很深的意義，其中有三個意涵：

第一個意義是「在心裡說」。

意思就是，**不須實際與對方見面，就能和解**。可以實際與對方見面，當面進行和解的話當然最好，不過問題就在於我們心中產生的負面想法和這些想法所引來的不好的東西，會招來壞運。

因此最重要的是必須先解決自己心裡的問題。只要自己的內心轉為正面，吸引來的事物就會大不相同。

第二章的「集體意識」中也有提到，我們的內心與一個很深奧的世界互相聯繫，只要那個世界的心境能真正獲得改變，就能確實傳遞給對方，並在下次見面時改變對方的心境。雖然不能打包票說對方絕對也會有所改變，但我自己就曾經有過幾次這種不可思議的經驗。

第二個意義是「陳述感謝」。

這裡說的是**感謝，而不是道歉或原諒**。

說到和解，很多人會想到道歉和原諒。在現實生活中，我們確實經常以這種方式來進行和解，但在內心世界中，道歉和原諒其實都不太正確。

如果是道歉或原諒，必然會產生一方是對的、一方是錯的這種對立，因此會在暗地裡產生負面想法。

相較之下，**感謝則不會產生是非善惡的分離，是一種不會產生負面想法的行爲**。

因此，要進行眞正的和解，陳述感謝的方法會比道歉或原諒更好。

第三個意義是「以語言陳述」。

這個做法**並非在心裡感謝，而是「在心裡陳述感謝的話語」**。也就是說，即使內心還沒辦法進入感謝的狀態，只要在心裡陳述感謝的話語，例如「某某先生／小姐，謝謝你」就可以了。

爲什麼呢？因爲當我們面對讓自己感到不安或恐懼、不滿或憤怒、厭惡或憎恨的人，就會馬上壓抑自己的情緒，改變內心的狀態，因此要做到感謝實在非常困難。

轉換情緒很難，但我們可以用語言陳述。即使無法打從心底感謝，但我們可以陳述感謝的話語。

此外，因爲我們的語言和心具有身心一如的特質，因此只要先開口說出語言，心的狀態也會跟著改變。只要說出感謝的話語，內心的狀態也會很神奇地跟著改變。就算沒辦法在短時間內轉變爲感謝的心，但心裡的某個角落就會開始往正面的方向改變。

馬上就能實行的「與討厭的人和解的方法」

以上就是「運用和解念頭的淨化力」的三個步驟，相信大家都已經了解**藉由內觀找出糾結**、**釐清自己的情緒**、**與對方和解**這三個步驟了。現在希望大家放下手上的書，花幾分鐘實際做做看，時間不用太長也沒有關係。

首先，請大家靜下心來進行內觀。相信每個人的心裡或多或少都會浮現幾個讓自己糾結或感到疙瘩的人。這個人可能是你的家人，也可能是朋友或公司主管。

不論對象是誰，請在心裡描繪出這個人的形象，靜靜地與他面對面，仔細地正視自己對這個人抱持何種情緒。

接下來，不管這個情緒多麼負面，都要無條件地在心裡說出「某某先生／小姐，謝謝你」。不斷在心裡重複這句話。

這個方法或許無法立刻消除自己對這個人的負面想法，但應該可以清楚感受到負面想法逐漸變弱，接著就能感受心裡的某個角落獲得紓解。

就是這麼容易。

和解的方法就是這麼簡單。

藉由這樣的方法與某人和解之後，接著找出浮現出來的下一個人，用同樣的方法繼續進行和解。

如果時間允許，可以用這個方法一口氣做完所有和解，直到心中再也找不到會讓自己感覺糾結和疙瘩的人。沒有時間的話，也可以分成數次實行。

只是簡單的幾個步驟，就能夠讓你的心裡產生一些變化。

責難他人只會讓自己的心受苦

以上就是第三個習慣「運用和解念頭的淨化力」。

簡單複習一下這個方法：當內心感受到對某人有摩擦或糾葛、反目或衝突時，就在心裡想著這個人並輕聲對他說「謝謝你」。這是一個可以在心裡與人和解的簡單方法。只是幾個簡單步驟，就能神奇地讓我們的內心糾結獲得紓解，進而使無意識獲得淨化。

這個方法雖然無法立即消除現實生活或工作中與人產生的摩擦或糾葛、反目或衝突，但以我的經驗來看，只要自己的內心有所改變，對方也感覺得到，並改變對待我們的態度，實在非常不可思議。

如果你正爲了人際關係而煩惱，非常推薦你學習並實踐這個和解方法，相信一定會感覺到現實生活中的人際關係獲得某些改善。

即使現實生活中的人際關係沒有任何改變，你的心也會比較輕鬆。

因為人際關係最讓人感到痛苦的不是受到他人責難或攻擊，而是害怕他人責難或攻擊自己的恐懼。

而這種恐懼其實就來自我們心中對他人的責難與攻擊，並像鏡子一樣將這些情緒反射在自己心裡。

也就是說，**我們的內心之所以感到痛苦，其實是來自我們心中責難對方的情緒**。

因此只要藉由和解這個方法，消除心中責難對方的想法或攻擊對方的情緒，自己心中的不安與恐懼也會跟著消失，讓我們的心獲得紓解。

有句格言說：**「感謝能治癒一切。」**就如同字面上的意思，在心中說出感謝話語的方法，無法很快看到成果，而是慢慢地使受傷的人際關係逐漸痊癒。更重要的是，**療癒我們自己的心**。

使用這個方法消除受傷的人際關係所產生的負面想法後，自然就會發現，自己已經在不知不覺中吸引到好運。

第五章

心靈淨化法②

重新詮釋，

翻轉人生的負面經驗

改變無意識世界、吸引好運的**第二個方法，就是逐一翻轉過往生命歷程中的負面經驗，進而消除無意識世界裡的負面想法**。

第四章介紹了內心產生負面想法的最主要原因，在於人際關係中產生的摩擦或糾葛、反目或衝突，以及這些行為所衍生的不安或恐懼、不滿或憤怒、厭惡或憎恨。

除此之外，內心世界產生負面想法的另一個原因，就在於過往以各種型態所承受的負面經驗。

例如：

「不受父母疼愛。」

「大學沒考好。」

「受疾病折磨。」

「沒能進入理想的公司。」

「工作上遇到大挫敗。」

「創業卻遭遇挫折。」

「被裁員。」

以上這些負面經驗，都會在我們的無意識裡產生以下自我設限或自我否定的負面想法，並根深柢固於其中：

「我不是一個優秀的人。」

「我是個一無是處的人。」

「我是個倒楣的人。」

因此第二個方法，就是要逐一回顧過去的負面經驗，並重新思考、詮釋其中蘊含的意義，釐清這並不是負面經驗。

換句話說，也就是**改變對人生的詮釋**。

這個方法就是，在心裡進行接下來介紹的**詮釋五階段**。

每個人的生命中一定有過成功經驗

詮釋的第一個階段，就是察覺自己的生命中其實有過很多成功經驗。

或許有些人會說：「我的人生就是一連串的失敗，沒什麼成功的經驗。」

這裡所說的成功經驗，並不是指在某種比賽中獲得全國冠軍、以專業身分得到著名獎項的鼓勵，或是創業成功這類戲劇化的成功經驗。

一般人對成功經驗的理解都是以上這種戲劇化的過程與結果，因此很多人誤以為自己從沒有成功過。

成功經驗有時候會成為努力的動力，問題是**每個人的一生中其實有各式各樣的成功經驗，但大部分的人都只看到失敗的經驗，因而使想法變得極為負面**。

因此在詮釋的第一階段，就是要察覺自己的人生中其實有許多成功經驗，不論多小都無所謂。

例如：

「小時候被父母或老師稱讚而感到高興。」

「高中校慶時和同學一起經營咖啡廳，辦得非常順利。」

「雖然沒有考上第一志願，但也成功考上大學。」

「雖然未能進入最理想的公司，但在工作難尋的時機還成功找到工作。」

「得了重感冒，但還是努力完成手上的案子。」

就像這樣，即使是微不足道的經驗也沒關係，只要回想人生中的各種情境，一定會察覺其實自己有過許多成功經驗。

容我再重複一次，**當我們回顧過往的時候，通常會忽略擁有的東西，反而著眼於得不到的東西。總是忘記成功的事，而記得失敗的事。**這就是我們心中產生負面想法的主要原因，因此只要將過往的人生經歷和微不足道的成功經驗拿出來逐一仔細檢視，就能讓想法慢慢變得正面。

與成功經驗重疊的音樂，能淨化無意識

將成功經驗拿出來逐一檢視時，有件事非常重要。

不要思考，只要感受即可。

回想成功經驗時，會**喚起當時的感受，並反芻當時的感受**。這時很重要的一點就是不要以邏輯去思考，而是自然地回想當時開心和快樂的感受。

例如我就曾經在高中校慶時和同學一起經營咖啡廳，辦得非常順利。一直到現在，看著照片時還是能感受到當時高昂的情緒。

剛開始你可能會覺得喚回這些伴隨過去經驗而來的感受有點困難，但習慣之後，這些感受就會自然而然甦醒過來。因爲**知識的記憶相較之下很容易忘記，但感受的記憶是透過肢體感官記憶的，所以即使經過很長時間還是能馬上**

想起。這裡之所以告訴各位不要思考，應該更重視感受，因為這正是讓無意識發揮效果的方法中最重要的訣竅。

「思考」這個行為通常**會將想法分割為好的想法與不好的想法**、**正面想法與負面想法**，像是「那件事當時做得好」或「當時那樣不好」「因為那樣所以成功了」或「因為這樣所以失敗了」等。思考成功經驗時，心裡一定也會浮現完全相反的失敗經驗，進而產生負面想法。

再加上思考本身就是使用邏輯的一種行為，所謂的邏輯就具有將思考的內容進行分割的功能，因此思考一定會以真和假、善和惡、美和醜、達成與挫折、成功與失敗、勝利與敗北這樣的型態，將想法分離成正面想法與負面想法。

事實上，重視感受而非思考的做法，也經常用於運動訓練。

例如高爾夫球的推桿練習影片中，當職業選手順利進洞時，四周就會響起悅耳的背景音樂，並不斷重播進洞的畫面。這個方法使用的不是語言或邏輯，而是藉由影像及音樂，將這種成功的感受烙印在觀衆的無意識之中，也因爲這種剪接手法的效果很好，所以相當受到玩家的喜愛。

就像這樣，當我們回想起過去的成功經驗，想起當時高興或快樂的感覺，「我沒有什麼太大的成功經驗」這種負面想法就會慢慢消失。建議大家實行這個方法的時候，同時善用**音樂的力量**。

因爲**音樂會和人生中的經驗一起被我們記住，過了很久之後再聽到這首曲子，就能清楚回想起當時的經驗及感受**。

舉例來說，發生難過的事情時所聽到的音樂，會喚醒我們當時難過的心情；相反地，開心的時候聽到某一首曲子，之後再聽這首曲子時，就能回憶起當時喜悅的情緒。

剛才提到，我有過高中校慶時和同學一起經營咖啡廳、生意非常好的成功經驗，當時我們的咖啡廳裡播放著披頭四的背景音樂，所以現在只要聽到那首曲子，就會使我回想起當時快樂的心情。

除了現實生活的經驗，電影主角的經驗、影像及當時所播放的音樂，也都具有**滲透到無意識**的效果。

最典型的例子應該就是電影《洛基》。這部電影曾拿下一九七六年的奧斯卡金像獎，描述窮困且沒沒無聞的拳擊手奮鬥的過程。片中主角洛基接受重量級拳王阿波羅的魔鬼訓練，練跑時所搭配的洛基主題曲成爲衆人耳熟能詳的曲子。相信每一個看過電影的人，聽到電影最高潮時播放的這首曲子，都會回想起電影中令人情緒激昂的感覺。

音樂具有使當下感受到的喜悅與快樂、高亢與幸福，滲透到無意識之中的魔力。我們可以運用這種魔力作爲淨化無意識的方法，藉以消除心中的負面想法，使內心充滿正面想法。

有一首曲子，能讓我心裡變得非常正面，每次聽的時候都會從內心深處湧出亢奮的感受與全能感。四十多歲創立智庫時，我經常聽這首曲子。現在再聽，彷彿又可以重新感受到當時「我要打造一個前所未聞的智庫」「美好的未來就要開始了」的激昂。相信你的心中也有一首這樣的曲子。

事實上，很多人都會無意識地藉由音樂來感受身歷其境的高昂和幸福感，推薦大家多多善用這個方法。

音樂本身就具備療癒及淨化的力量，而當音樂的力量與成功時所獲得的高昂感受與幸福感受相連結時，就能發揮更強的療癒及淨化功能。

詮釋的第一階段，就是要察覺自己人生中的成功經驗比想像中更多，並逐一檢視，藉此回想起當時的正面感受。

或許有些讀者會覺得：「都是一些小事，這麼做也沒辦法降低心裡龐大的挫折感和自卑感啊。」

但是，**這個方法最重要的目的在於「珍愛自己的人生」**。

每個人的人生都是獨一無二、無法重來的。就算只是微不足道的成功經驗，只要能真心愛惜生命中每一個閃耀的瞬間，這個回憶就會在心裡讓正面思想越來越強大。希望每位讀者都能珍惜生命中每一個閃耀光芒的瞬間。

你覺得自己運氣很好嗎？

那麼，**重新詮釋的第二階段**是什麼呢？

第二階段就是**察覺自己是「運氣很好的人」**。

爲什麼這麼做很重要呢？

因爲自古以來就有這麼一句話：

每一個強運的人，

都相信「我的運氣很好」。

我們確實可以看到許多社會上的成功人士，毋須開口，眉宇之間就散發出「我的運氣很好」的氣息，而且這種正面想法會滲透到無意識之中。

這些人想的並不是「因爲成功，所以覺得自己運氣很好」，而是一開始就抱著「我的運氣很好」的想法，所以吸引了成功。

可惜的是，許多人在無意識中會抱持「我的運勢沒那麼強」這種自我設限而負面的想法。這樣的想法會讓好運遠離我們。

那麼，該如何將負面的想法轉變為「我的運氣很好」這樣的正面想法呢？要達到這樣的效果，是否需要生命中某些戲劇化的強運經驗呢？是否需要在極端的狀況下吸引到強運的經驗呢？

並非如此。要達到這樣的效果，還是要請大家回想過去的人生。

回想一下**自己受到幸福引導的經驗**。

因為其實**每個人都曾經有過幾次「受幸福引導的經驗」**。

想想看是否有過類似的經驗。

「因為認識了那個人，人生變得更開闊了。」

「因為發生了那件事，人生變得更順利了。」

好運常會僞裝成壞運來到我們身邊

我自己也有過幾次類似的經驗。

二十九歲那一年，我取得了博士學位，本來很想留在學校裡做研究，但未能如願；後來雖然進入民間企業工作，卻非我所願，而且還是和所學完全不同領域的法人機構。當時帶我的課長是業務高手，在他底下工作的九年期間經歷各種經驗與磨練，才成就了現在的我。

後來公司還送我出國留學，我接受了朋友的建議，希望能考上美國的商學院。就在準備留學考試最重要的時期，客戶幾次希望我和他們一起出國出差。我拒絕了好幾次，但後來拗不過客戶的要求，不得不放棄考試，答應同行。那次出差的最後一站，我們拜訪了美國國立研究院的世界級智庫。

之後的發展就像是某種緣分，我有機會到這家智庫工作，得以拓展自己的經歷。

有過幾次類似經驗後，回過頭會發現，很多事情雖然乍看之下很不幸運，像是「無法進入大學做研究」和「不得不放棄留學考試」，但後來證明這些其實是幸運的事，讓我得以拓展經歷，開拓更寬廣的人生。

相信各位也有類似的經驗吧。

像是這種「因爲認識了那個人，人生變得更開闊」，或是「因爲發生那件事，人生變得更順利了」這種受幸福引導的經驗，應該在每個人生命中都曾發生過的。

但就像我的經驗一樣，這其中其實隱藏著人生不可思議的一面。

「受幸福引導」的時候，

有時會以「僞裝成不幸運」的樣貌出現在眼前。

因此，爲了察覺其實自己是運氣很好的人，就必須在回顧過往人生的時候，察覺到「看似不幸運的事情其實是受幸福引導的事」這樣的矛盾。

了解這個矛盾之後，再去回顧過往，就會發現「我的運氣沒那麼好」這樣的自我設限及負面想法根本是**不必要**的。

只要仔細回想，其實任何人都有許多受幸福引導的經驗，問題就在於**自己有沒有發現**。

一旦有了這樣的自覺，「我實在沒有好運」或「我的運勢不強」等負面想法就會一掃而空，彷彿在黑暗中射入一道光芒。

若想達到這樣的境界，很重要的一點就是**轉換視角**。

能夠做到轉換視角，才能進入詮釋的第二階段。

對人生的詮釋力最能引來好運

不要只有發生「看似幸運」的事情時，

才覺得自己運氣很好。
發生「看似不幸運」的事，
也應該覺得運氣眞好。

或許有些讀者覺得這樣的想法很奇怪。
以下爲各位舉一個非常具有代表性的例子，這是眞實的故事。
某人到國外出差，開車時因爲一時疏忽發生嚴重車禍。被送到醫院後，動了一個大手術才總算撿回一命，卻不得不截去右腳。
他從痲醉中醒來，想到居然因爲一時大意而葬送了往後的人生，不禁意志消沉，心情跌落谷底。
他太太接到消息，急忙從日本趕去看他。一進到病房，便緊緊抱住他說：
「老公，太好了！你活下來了！幸好還有右腳！」
這個故事告訴我們一個非常重要的人生眞理：

人生的分水嶺不在於已經發生的事，
而在於如何詮釋既成的事實。

眞是如此嗎？

許多人認爲人生中的逆境會大大改變我們的一生。

事實上並非如此。

端看你**如何詮釋這些逆境**，這才是改變一生的關鍵。

了解這個道理之後，即使發生看似不幸的事情，若我們能看到這件事美好、光明的一面，覺得「我眞是太幸運了」「我的運氣很好」——這個能力，也就是**詮釋人生的能力**，正是吸引運氣的能力。

因爲這種詮釋能力正是一種可以將負面經驗轉化爲正面經驗、將負面想法**轉化**爲正面想法的能力。

看了這個「幸好還有右腳」的故事，或許很多讀者會想起半杯水的比喻。

看著桌上的半杯水，不同人有不同的解讀。有些人會悲觀地認爲「只剩半杯水」，也有人會樂觀地認爲「還有半杯水」。

但是「半杯水的比喻」和「幸好還有右腳」是完全不一樣的。

最大的差別在於**現實感**的關鍵差異。

一個只是比喻，另一個卻是面臨人生關鍵時刻所說出的話。

這兩者是完全不同的。

「半杯水的比喻」和「幸好還有右腳」還有另一個關鍵性的差異。

那就是內心深處**感恩的心**。

「幸好還有右腳」這句話出自痛下覺悟的人生觀。

這個人生觀就是：

不要對人生中的「匱乏」感到不滿，

而應該對人生中「擁有的事物」懷抱深切的感恩。

這也是一種懷抱感恩的人生觀。

一個人是否能夠在逆境中發揮詮釋力，完全取決於他對自己的人生是否懷抱感恩的心。

過去的失敗經驗，其實就是成功經驗

看到這裡，各位應該就會知道，**詮釋的第三階段就是讓自己知道過去的負面經驗並非負面經驗**。

回顧過去的失敗經驗，

並察覺這些其實就是成功經驗。

也就是說，回顧過去的失敗經驗時，如果光想著失去或沒能得到的東西，那麼這些失敗經驗就一直都會是負面經驗。

但其實不管是怎麼樣的失敗經驗，一定都會留下或得到些什麼。

人與人之間最大的差異，在於遭遇失敗經驗時，是否能看到自己留下或得到些什麼。

這絕非一件輕鬆的事，非常不容易。

或許你也是這麼想的。

但如果你眞的珍愛自己的人生，無論身陷多麼灰暗的失敗經驗中，也能看見其中的光明。

你一定會看見自己留下或得到些什麼。

因爲不管你的人生多麼失敗、遭遇多少挫折，對你來說都不能重來，是無可取代的。這是你的人生，不是別人的。

希望你能珍愛自己不能重來、無可取代的人生，包含其中的失敗與挫折。

聚焦於光明之處，包容、擁抱並愛惜你的人生——

珍愛自己的人生。

若能做到這點，就會吸引好運氣，效果出乎預料。

那麼，要怎麼做才能在任何失敗經驗中都看到自己留下或得到些什麼，並學會正面的詮釋能力呢？

接下來說一個小故事，相信各位讀完之後就能了解。

看似不幸運的事翻轉爲正面的瞬間

這是一個發生於相撲界的故事。

某位大關在狀態最好時，卻因腳傷而不得不忍痛退賽，並選擇淡出相撲界。

後來他成爲部屋的親方（相撲道揚的掌門人），在某次雜誌專訪時聊到當年腳傷後引退的心境。回顧過去那段痛苦的日子，親方告訴記者：

「因爲那時候我的狀況太好了，有點得意忘形。

「所以當時的我一定得受些挫折。

「也因爲這樣，我在那段時間學到了非常重要的事情。」

大關的這一席話告訴我們一個重要的觀點，就是當人生中遇到看似不幸運的事情或痛苦的失敗經驗時，更應該著眼於自己能留下些什麼。

這就是「成長觀點」。

也就是說，不論身處於多麼艱困的逆境、遇到多大的挫折，我們都能將這些逆境或挫折當作日後的養分並獲得成長。

如果能確實掌握這種成長，即使發生了看似不幸的事或痛苦的失敗經驗，也不會完全將其視爲負面經驗，而能翻轉爲美好的正面經驗。

親方的一席話，完美地詮釋了成長觀點的重要性。

他沒有將大關時期遭遇的挫折視爲單純的不幸，而是坦然接受其中的涵義，發揮詮釋力，以正面的角度詮釋這些事，並去思考「這些挫折想教我什麼」，因此成功將挫折翻轉爲讓心靈獲得成長的養分。

也因此親方雖然在大關時期因腳傷不得不退出比賽，之後卻能順利復出，再次活躍於相撲土俵之上。

從親方面對逆境的態度，我們學習到一件重要的事，當我們在人生中遭遇看似不幸的事時，應該靜下心來思考其中蘊含的意義，發揮正面的詮釋力，並從成長的觀點，捫心自問以下幾個問題：

「這件事情能讓我察覺什麼？」

「這件事情能讓我學到什麼？」

「這件事情能讓我獲得多大的成長？」

無論人生中遇到多少看似不幸的事，如果我們都能在心裡默默問自己這幾個問題，並將這件事情當作成長的養分，應該就會發現即使是看似不幸的事，其實都是幸運的。

這也是**將人生過程中看似不幸的事「翻轉」爲正面意義的美好一瞬間**。

看到這裡，或許有人會這麼想：

「話雖如此，我還是不想碰到逆境……」

確實，應該沒有人身處逆境還感到高興的吧。

我也一樣。

在這裡，請大家回顧過去，並試著問自己一件事。

自己曾經在什麼時候獲得成長呢？

一定不會是順風得意、幸運接連造訪的時候吧。

答案應該是身處逆境之中，每天晚上都睡不著、唉聲連連、天天胃痛的那段日子。

那些遭遇各種苦難、每天都在奮戰中努力向前行的日子，事後回想起來都會發現自己因此獲得了成長。

如果你有過相同的經驗，就會發現**即使是過去看似不幸的事，都能幫助自己成長，因此轉變為好運的事情。而且不管是多麼嚴重的失敗經驗，都會成為幫助自己成長的養分，因而轉變為成功經驗。**

第一章聊到許多人生勝利組在回憶錄裡最常提到的就是「偶然」「湊巧」「沒料到」「碰巧」「很幸運地」這些話。

但這些成功人士絕非只是單純幸運就能一帆風順。

我想，這些人即使遭遇看似不幸的事，也都能從中找到成長的養分，一步一腳印走過來。並在這樣的過程中，將看似不幸的事變成好運的事。

他們雖然經常提到「偶然」「湊巧」「沒料到」「碰巧」「很幸運地」，但絕不能因此覺得這些人只是幸運或僥倖。

因爲在風光的背後，他們對人生的詮釋力及對成長的渴求，都是我們必須學習的。

對自己的幸運人生心存感恩

察覺過去的失敗經驗其實是成功經驗、不幸的事其實是幸運的事，就能繼續往詮釋的第四階段邁進了。

詮釋的第四階段就是**對於自己的「幸運人生」心存感恩**。

換句話說，就是**對「上天的安排」及「某種偉大力量的引導」心存感恩**。

前文已經說過很多次，人的一生中是否存在著上天或某種偉大力量，這件事並沒有定論。

第二章介紹了零點能量場假說，但目前科學也還無法證實。姑且不論這些事物是否存在，抱持著感恩的態度是非常重要的。

爲什麼呢？

這樣才不會落入「自力」的陷阱。

什麼是自力的陷阱呢？就是一種「我靠自己的能力開拓人生」這種意識。

爲什麼這是一個陷阱呢？

因爲自力的意識過剩，

會在無意識世界中產生負面想法。

也就是說，如果自力的意識太強烈，不管獲得任何成功，都會在「我是靠自己的能力辦到的」這樣的意識背後，產生不安或是恐懼，像是：「下一次不知道會不會這麼順利？」「我的能力是不是就這樣了？」

相反地，**如果獲得成功或達成某種目標時**，抱持著「**這都是上天的安排**」「**一定是某種偉大力量的引導**」**等謙虛而感恩的想法，這種想法就會在無意識之中產生「是上天給我的引導」或「是某種偉大力量給我的引導」這種深層的安心感**。

就像這樣，若自力的意識過強，表面意識就會產生負面想法，而無意識則會產生不安、恐懼等負面想法。相較之下，若能抱持著上天的安排或某種偉大力量給我的引導等謙虛而感恩的態度，就不會產生類似的負面想法，並使無意識充滿著正面想法。

了解這點之後，就會明白爲什麼一般人獲得成功或達到某種成果時，通常會把「**都是託您的福**」掛在嘴邊了；而在接受對方的感謝或致謝時，總會回禮說「**彼此、彼此**」，相信大家應該都知道其中的原因了。

這些話都不是單純的禮儀或客套用語，也不是只爲了促進人際關係的圓滑。

「都是託您的福」和「彼此、彼此」這些話背後蘊含了**「某種偉大力量的引導」或「都是受到許多人成全」這種感謝的想法，是各種想法中最正面的，**在某種意義上，可說是自古以來最能讓無意識充滿正面想法的智慧。

對於人生中曾經幫助過我們的人心懷感恩、對於引導我們認識這些人的某種偉大力量心存感恩。感謝能治癒一切，顧名思義，這些感恩的念頭能消除內心中不安或恐懼等負面想法。

詮釋的第四階段「對於自己的幸運人生心存感恩」這句話的意義就在這裡。

每個人的生命都有最極致的成功經驗

那麼，「消除負面經驗產生的負面想法」的**詮釋第五階段**是什麼呢？

就是要懂得**察覺生命中被賦予的「最極致成功經驗」**。

什麼是最極致的成功經驗呢？

說到底，「活著」就非常值得感恩了。

你有發現嗎？

或許有些人無法理解這句話是什麼意思。

你是否有同齡或是年輕的朋友提前離開人世？

或許因爲生病，或許是遭逢變故。

無論如何，如果你有正值壯年就不幸過世的朋友，請你回想一下這個人。

我也有這樣的朋友。

大學時和我同屬工學院、同系的M同學。他天資聰穎的程度令人羨慕，而且還是籃球隊的隊長，卻在三十出頭就罹患癌症過世。聽他的家人說，他臨終前跟病魔搏鬥，過得非常辛苦。

還有國中、高中、大學都和我一路相伴的S同學。高中時我們同班，常常一起玩，是非常要好的朋友。他不只學業成績優秀，還懷抱遠大的夢想。大學法律系畢業之後，他考上國家公務員，進入內閣官房，不久後辭職，研究所畢業的同時就通過司法考試；之後更取得歐洲的律師資格，擔任國際律師，活躍於國內外，並有從政的打算。沒想到卻在四十幾歲時突然腦中風，再也沒有醒來。

寫到這裡，回想起這兩位好友，我的心情非常複雜而激動，不禁想起自己在他們靈前發誓。

「我一定要連同他那一份好好活下去。」

當時我這樣告訴自己。

邁向人生的第六十八年，我對於自己可以活到這個歲數充滿感激之心。

各位身邊應該也有這樣的朋友吧。

如果有，請感受一下這句話：

說到底，活著就非常值得感恩了。

請大家感受一下。

在我們的人生中，會遭遇各種苦難或困難、失敗或敗北、挫折或失落、病痛或事故，有時候甚至痛苦得讓人想一走了之。

但只要還活著，我們就能將逆境化為養分，得以成長、前進並活出精采的人生。只要還有一條命，就能將人生的陰暗轉化為光芒。

若是如此，不論遭遇什麼事情，光是活著就非常值得感恩了。

難道不是嗎？

能夠生在這個時代、這個國家，實在令人感恩

年輕時我因為和某中小企業的老闆有緣，有時候會在該公司的經營會議中與他同席。

這個老闆參加過二戰，許多同袍在戰爭中不幸犧牲，他則是在九死一生中好不容易活著回到日本。

有段時間這家公司和廠商之間發生了嚴重的問題。這一天的經營會議中，每個主管都慘白著一張臉，彷彿公司從此就要關門大吉。

老闆聽著簡報，看了看面色凝重、等待老闆指示的主管，在緊要關頭說出了這樣的話：

「沒錯，事情真的很嚴重。一個不小心，公司就撐不下去了。但是啊，有句話我先說在前頭：難不成這樣會要了大家的命嗎？」

老闆的一番話，讓面色慘白的整排主管，一瞬間似乎抓住了什麼。所有人彷彿吃了定心丸。

這是老闆發自肺腑、感動人心的一席話。

老闆說得一點都沒錯。

不愧是在戰場經歷過生死的人，他的生死觀非常豁達。

從戰爭的悲慘、生死極限的狀態來看，現代日本社會在經營或工作上所面臨的困難，就算再怎麼辛苦，也不過就是那麼一回事罷了。

再怎麼艱苦，**至少還有一條命**。

而且在日本也沒人會餓死。

同樣是日本，七十多年前，全日本的人民還處於戰時「不是生，就是死」的狀態，實際上也有三百一十萬以上的日本人喪命。

只要想到這裡，大家就可以知道生活在現代是多麼幸運、多麼值得感恩的一件事了吧？

同樣生活在現代，地球上的七十七億人口之中，能夠擁有以下五個這麼好的條件的，也只有日本人了：

①超過七十年以上沒有戰爭，得以和平度日。

②擁有全球第三名的經濟能力。

③擁有最尖端的科技。
④每一個國民都能接受高等教育。
⑤健康長壽到甚至得煩惱高齡化社會問題。

另一方面，同樣生活在現代卻有許多人因戰爭或恐怖攻擊而喪命，不計其數的人正在承受貧窮造成的飢餓與疾病。

正視日本過去的歷史與全球的現況時，我們應該就會知道出生在日本是多麼值得慶幸的一件事。

當然，如今也還是有不合理的貧富差距、出生於惡劣環境等人生際遇的差異。

我並不認同這些差異，甚至希望能改變這樣的現況。

若從正面思考的角度來看，身爲現代人就必須了解，能夠生活在如此優渥的環境是多麼值得感恩的一件事。

當我們認同這個想法的同時，心中就會因爲感恩的正面想法散發出光芒，因爲無法獲得或失去什麼而產生的負面想法，自然就會消失殆盡。

看見生命的奇蹟

還有一件事情是我們必須了解的。

那就是人生中的三個事實：

①人一定會死。

②人生只有一次。

③我們不知道自己何時會死。

這是任何人都無法否定的事實。

其中最應該留意的，是第三項事實。

我們不知道自己何時會死。

不論平常多麼注意健康、留心預防事故，死亡還是會突然降臨。

我們每個人都活在不知道何時會結束的人生之中。

如果能了解這件事，就會知道每一天都能夠好好活著、生命是如此這般的奇蹟，是多麼值得感恩的一件事。

回首過去，我有兩個朋友在三十、四十幾歲的壯年時期過世。

事情發生得非常突然。

這件事與我們息息相關，說不定同樣的事也會發生在自己身上。

既然如此，不論人生中遭遇什麼事情，

光是活著這件事，就值得謝天謝地了。

當我們察覺這件事之後，心中深處的某個地方就會產生**無條件肯定**人生、最根本的感恩念頭。

而當我們懷抱著這種最根本的感謝時，即使不說什麼，也會吸引到好運。

甚至在這種感謝的念頭之中，再也沒有所謂好運和壞運的分別，只是帶領我們默默展開輝煌燦爛的人生。

第六章

心靈淨化法 ③

參透覺悟，

學習最極致的正面人生觀

改變無意識世界、吸引好運的第三個方法就是：

「學習最極致的正面人生觀」。

這個方法，就是**無條件「完全肯定」一切，包含一些看似負面的際遇，藉此讓無意識世界充滿最極致的正面想法**。

這個方法必須無條件完全肯定一切的際遇，所以心中根本不會產生正面想法與負面想法的分別。因此，才會說這個方法是淨化無意識世界的**最極致方法**。

這是怎樣的方法呢？就是學會以下「五個覺悟」的人生觀，並且依照順序逐一實行。

①第一個覺悟：相信自己的人生受到某種偉大力量引導。

②第二個覺悟：思考人生中發生的一切都有其深遠涵義。

③第三個覺悟：接受人生中所有問題都因自己而起。

④第四個覺悟：接受並相信某種偉大力量正在磨練自己。
⑤第五個覺悟：深信所有帶領我們克服逆境的智慧都是被賦予的。

要參透這些覺悟不是件簡單的事，不過只要能誠實面對自己的人生，任何人都能掌握這五點。參透之後，內心的負面想法就會神奇地消失，使心中充滿正面想法，進而吸引正面的際遇或邂逅。

相信自己的人生受到某種偉大力量引導

首先第一個覺悟，就是相信自己的人生受到某種偉大力量引導。

或許有些讀者覺得很不可思議。事實上，許多成功人士之間最大的共通點，就是無論經歷什麼樣的過去，每個人都抱持著這樣的想法。

其中有些人曾經公開這麼說過，有些人或許沒有說出口，不過他們內心深處都懷抱著「自己的人生受到某種偉大力量引導」這樣的想法。
這些成功人士經常提到**「天命」「上天的聲音」「上天的指引」「老天安排」**等說法，就是這個意思。
有時候他們也會說出「因爲受到某種偉大力量的引導」或是「受到某種聲音的引導」這樣的話。
然而，受到上天或某種偉大力量引導的，絕對不只有優秀的成功人士。
事實上，我們任何一個人，都正接受某種偉大力量的引導。
不過，前文也提到，即使是現代最先進的科學，也無法證明所謂的上天或某種偉大力量是否存在。
但在人類數千年的歷史之中，有無數人都相信神、佛、上天或某種偉大力量的存在，而且經常把這些話掛在嘴邊，也是不爭的事實。
此外，如果第二章介紹的假說被證實是眞的，那麼人類漫長歷史中被稱爲神、佛、上天或某種偉大力量，其實就是某個超越集體無意識及超個人無意識，與更深層的零點能量場有所聯繫的超時空無意識。

也就是說，自古以來人們深信不疑的神、佛、上天或某種偉大力量，其實並不是存在於遙遠天際另一邊的「天國」或「極樂世界」，而是我們內心深處的某種存在，也就是最深次元裡的「我們自己」，換句話說，就是**「眞我」**（True Self）。

若眞是如此，眞我可以說記錄了宇宙的過去、現在與未來的所有訊息，也和記錄了人類所有智慧的零點能量場有所聯繫，並妥善運用這些訊息與智慧，引導著我們的人生。

也就是說，**引導我們的某種偉大力量，其實正是存在於每個人內心深處、擁有最高等智慧的「我們自己」**了。

說到這裡有點太過深奧，讓我先把這個理論擺在一邊。我想應該不少人都曾經感受到某種偉大力量的存在吧。

舉例來說，靜下心來回想過去的人生，每個人都會發現曾經發生過一、兩次以下的事件：

「認識那個人之後，我的人生變得更順利了。」

「因爲發生那件事，讓我看到該走的道路。」

「那應該就是某種指引吧。」

接著再更仔細地回想，當我們有了「自己的人生受到某種偉大力量引導」這樣的覺悟，從那一刻起，應該就會看到完全不同的人生樣貌，心裡或許就會產生不可思議的安全感這種正面想法。

這個時候，我們就能感受到另一個覺悟。

思考人生中發生的一切都有其深遠涵義

這就是第二個覺悟。

也就是思考「人生中發生的一切都有其深遠涵義」。

也就是說，只要我們有了「自己的人生受到某種偉大力量引導」的覺悟，往後只要遇到任何人事物，應該就會很自然地浮現以下的疑問：

「我被引導遇見這個人有什麼樣的意義嗎？」

「我被引導發生這件事有什麼樣的意義嗎？」

而當我們在感受其中的意義或進行思考的時候，什麼是最重要的呢？

那就是第五章介紹的**人生詮釋力**了。

在詮釋力當中，最重要的是如何詮釋自己目前面臨的逆境代表什麼意義的能力。也就是當人生遇到苦難或困難、失敗或敗北、挫折或失落、病痛或事故時，能夠**捫心自問**的能力。

「這個苦難要教我什麼？」

「這個失敗要讓我學到什麼？」

「這個挫折會讓我抓住什麼？」

「這場病要讓我察覺什麼？」

從這層意思來看，第五章提到人生巔峰期因腳傷不得不長期休養的大關，他所發揮出的詮釋力，就是其中一種象徵：

「因爲那段時間我太順利了，有點得意忘形了。

「所以當時的我一定得受些挫折。

「也因爲這樣，我才在那段時間學到了非常重要的事情。」

當我們面對任何逆境，如果能發揮「自己的人生受到某種偉大力量引導」這種覺悟的「詮釋力」，就能以正面的角度將逆境詮釋爲「人生中發生的所有事都有其深遠涵義」。

當我們接受這個事實之後，原本對逆境抱持的不安、恐懼等負面想法自然會消失，讓內心變得正面，進而吸引好運。

要做到這一點，就必須體悟第三個覺悟。

接受人生中所有問題都因自己而起

第三個覺悟就是接受「人生中所有問題都因自己而起」這件事。

讀到這裡，或許有人會感到疑惑：

「如果覺得原因出在自己身上，就會產生自責的情緒，不是反而使內心產生負面想法嗎？」

事實上並非如此。

這裡說必須體悟所有問題都因自己而起，並不是要責備自己的意思，而是爲了**找出原因**、讓自己獲得**進一步的成長**，所以是一種**「接受原因在自己身上，才能覺察自己在成長中遇到怎麼樣的問題，也才能成爲更好的自己」**這樣的正面想法。

相反地，遇到任何問題時便**他責**，把原因歸咎於他人的話，這種態度就會在心裡產生對某人的批評或斥責、不滿或憤怒、厭惡或憎恨等負面想法。

面對問題時，願意思考「原因都在自己身上」的態度，在心理治療的領域裡也是非常重要的心態，稱爲**接受**。

當個案透過諮商，解決問題及治療的過程中，大多數都會自發性轉換爲接受的心態。

例如，某位案主情緒化地抱怨父親的人格特質，諮商過程中不斷陳述對父親的厭惡與憎恨；但過程中，他的心慢慢得到安撫之後，開始自然地說出「或許我自己也有問題」「可能爸爸也很辛苦」這樣的話。

像這種因爲心病而接受諮商的案例，心境轉換爲接受的過程是非常有意義的。即使是一般的人際關係，與人鬧得不愉快的時候，只要願意停下來轉換心態，接受原因在自己身上的話，雙方的關係就能獲得改善，並因此解決問題。

讀到這裡或許又有讀者會這麼想：

「我了解接受的意思，但當現實的問題擺在眼前的時候，要接受原因都出在自己身上，如果內心不夠堅強，應該無法做到吧。」

一點也沒錯。

要做到接受，就必須讓內心更堅強才行。

那麼，要怎麼做才能**讓內心變得堅強**呢？

這就必須學會**最極致的詮釋能力**。

最極致的詮釋能力是什麼意思呢？

就是第四個覺悟。

接受某種偉大力量正在磨練自己

第四個覺悟，就是當我們審視自己的人生時，將一切詮釋爲某種偉大力量正在磨練自己，並接受這件事。

甚至我們還可以這麼告訴自己：

某種偉大力量正在磨練自己，

而我將會藉由這樣的自己獲得不得了的成就。

如果能有這樣的覺悟，我們也就能看見堅強這個詞所代表的眞正意義。參透這個覺悟之後，面對人生中的任何逆境，也能將它當作是「某種偉大力量爲了磨練我而帶給我的體驗，是爲了讓我變得強壯才給我的體驗」，並把逆境當作養分，從中獲得成長。

事實上，每一位古代先賢都有過這樣的覺悟。

例如，戰國時代的武將山中鹿之介曾經對月亮起誓，**願受佛教所說的七難八苦**，來換得戰國大名尼子家中興。

俗話說：**「吃得苦中苦，方爲人上人。」**這句話更是被許多人奉爲座右銘。

人生中遇到的苦難、困難、失敗、失落、病痛或事故等各種逆境，乍看之下確實是負面的，但其實**逆境也正是獲得成長的最佳機會，是蛻變與飛躍的絕佳時機**。當你這麼想，就會發現其實人生中遇到的逆境在某種意義上就變成了絕佳的正面事物。

我在第五章曾問過大家會在什麼樣的狀況下獲得成長。

答案應該不是一帆風順、好事接踵而來、一直非常幸運的時候，而是處於逆境的時候吧。

每天晚上睡也睡不著、唉聲嘆氣、胃痛不已的日子。

當你過著這樣痛苦的日子，仍持續向前邁進，有一天會發現自己在不知不覺中已成長了許多。

我也有過這樣的經驗。

三十六年前我生了一場大病，甚至被醫生宣告活不久了。

當時我彷彿掉落絕望的谷底，無人伸手相救。每天都感覺自己的生命一點一滴流失，過著有如地獄般的痛苦日子。

而我在這樣的逆境中所體會到的，就是現在告訴大家的五個覺悟。

也因爲參透了這五個覺悟，才讓我從絕望的人生谷底回歸到正常的生活。

事後我才發現，自己因此獲得了絕大的成長。

正因爲我有過這樣的經驗，才更希望大家知道。

所謂的逆境，就是獲得成長的最佳機會，也是蛻變與飛躍的絕佳時機。

毋須猶豫，只需要參透這樣的覺悟：

某種偉大力量正在磨練自己，

讓我經歷這場逆境並因此獲得成長。

而我在成長之後，
將會獲得不得了的成就。

一旦有了這個覺悟，可以說人生中再也沒有負面的事物了。
你一定會發現，所有事物都是有深遠涵義的正面事物。

爲什麼胸懷大志或使命感的人會招來好運？

有了這個覺悟之後，就會知道自古以來很多人都覺得不可思議的那件事爲什麼會發生了。

胸懷大志或使命感的人，
不知道爲什麼很容易招來好運。

原因其實非常清楚。

因爲幾乎每個胸懷大志或使命感的人，都會在心裡深處這麼想：

「某種偉大力量正在引導著我。」

「某種偉大力量正要藉由我完成某種偉大的成就。」

所謂的使命，其實就蘊含了「上天指派的任務」這樣的意思。過去基督教的傳教士（missionary）從母國進入世界各地的未開發區域，不管遇到多大的困難，都能達成使命（mission），就是因爲內心懷抱著堅強的覺悟，認爲「某種偉大力量正在引導著我」「某種偉大力量正要藉由我完成某種偉大的成就」。

同樣地，胸懷大志或使命感的人，不管人生中遭遇怎麼樣的苦難或困難，都會詮釋成「這是某種偉大力量給我的磨練，藉由這些逆境讓我獲得成長。而我也將透過這個成長，完成某種偉大的成就」，這樣的想法，將成爲**最極致的正面想法**。

胸懷大志或使命感的人之所以經常能好運到令人難以置信，說到底就是因爲他們總是抱持最極致的正面想法。

如果我們能在人生旅程中胸懷大志或使命感，並掌握第四個覺悟，就會自然吸引好運，也能以各種方式遇到不可思議的事情。

那麼，不可思議的事情是指哪些事呢？

告訴自己克服逆境的智慧都是被賦予的

這裡所說的不可思議的事情，就是第一章裡提過的幾件事。

①某種第六感（直覺）
②不經意感覺到未來（預感）
③成功掌握機會（好時機）

④有意義的巧合（共時性）

⑤感知到某種意義（聚合現象）

這些就是吸引好運後的結果與所發生的事。那麼處於人生逆境的時候，如果想要吸引這些不可思議的事情，必須具備哪些條件呢？

你必須要做好心理準備。

也就是第五個覺悟。

告訴自己「克服逆境的智慧都是被賦予的」。

也就是說，人生中一定會遭遇各種苦難、困難、失敗、失落、病痛或事故等問題或逆境，我們要告訴自己，解決眼前問題、甚至是克服眼前逆境所需要的智慧，都是某種偉大力量賦予我們的。

面臨棘手的問題或嚴峻的逆境時，相信每個人心中都會這麼想：

「不知道這個問題是否能順利解決？」

「我有沒有智慧能解決這個問題？」

「我跨不過這個逆境。」

「我沒有足夠的智慧克服這個逆境。」

內心產生這樣的不安與無力感，就會演變成負面想法。

當我們內心蒙受不安與無力感時，可以使用身心一如的方法，在心中不斷告訴自己：「這是某種偉大力量希望透過這個問題或逆境來磨練我。如果是這樣，一定也會賜給我克服問題或逆境的智慧。」

說也奇怪，這麼想之後，心中的不安與無力感就會逐漸變淡，負面想法也會跟著變淡。接著，就會產生穩定的安全感與勇氣。

爲什麼拚命祈求也沒有用？

看到這裡，可能有人會這麼想：

「遇到棘手的問題或身處嚴峻的逆境時，還要堅強地認爲『跨越逆境的智慧都是被賦予的』，應該很難辦到吧？」

其實**每個人的內心深處都潛藏著超越自己想像的堅強**。

平時過慣安穩生活的人，突然得面臨棘手的問題或嚴峻的逆境時，要有如此的覺悟確實不容易。

不過，**人往往都是被逼到絕路時，越能沉著面對一切。當我們冷靜下來之後，才會發現睿智從天而降，勇氣也會湧出**。

也因此，自古以來就有**「大難當前，破釜沉舟」**或**「盡人事，聽天命」**這樣的說法。

前文提到我曾經罹患重病，一度被醫生放棄，有段時間每天面臨死亡的不安與恐懼。就在這種被逼到絕路的時候，有了破釜沉舟的經驗。

當時在這種緊繃到極致的狀態裡，不知道爲什麼湧現了以下的想法：

「不管我是明天會死，還是後天會死，這都是上天注定的，我無能爲力。但我不想浪費今天活著的時間，一定要認眞、努力地過好每一天！」

當我有了這樣的決心之後，內心突然就湧現生命力，並成功戰勝了疾病。

我不但戰勝了疾病，甚至還讓潛藏於內的才華得以發揮，獲得了吸引強運的能力。

那麼，人生面臨棘手的問題或嚴峻的逆境時，到底該怎麼做才能如此痛下覺悟呢？

在這裡，我要將本書最後一個方法傳授給各位。

那就是**「祈求」**。

希望大家不要誤會，這裡所說的祈求並不是多數人腦中浮現的祈求願望實現。

祈求願望實現是指對神佛或上天祈求自己的願望實現，像是「希望考試合格」「希望生意談得順利」等。

有史以來，無數人都只是祈求願望實現。

任何人面臨問題或逆境時，當然都會希望以自己期待的方式使事情獲得解決，這也是人之常情，因此我並不否定祈求願望實現。

但**祈求願望實現必然會在心中讓正面想法與負面想法分離**。也就是說，我們表面上祈求考試合格的同時，內心深處就會產生「該不會這樣祈求也考不上吧」的負面想法。

但其實這種產生於內心深處的負面想法，反而會變成最有可能實現的「祈求」。

這麼說或許很難讓人接受。

所謂祈求並不是雙手合十、祈禱或禱告過程中所想的念頭。

一直潛藏於內心深處的負面念頭，反而會變成最有可能實現的祈求。

可惜的是，許多人並不了解祈求的本質。例如，某人每天都抱持著「不知道我會不會生病」的恐懼心態，每天不斷這麼想的結果，這個念頭反而變成最有可能實現的祈求，結果念頭成眞，爲自己吸引來疾病。

就像這樣，祈求願望實現的時候，有時反而會在內心深處產生完全相反的念頭，結果相反的念頭反而成爲眞正的祈求。因此不管我們如何虔誠地祈求，卻導致完全相反的結果。

那麼，當我們面對棘手的問題或嚴峻的逆境時，應該如何進行祈求呢？

不產生負面想法的終極祈求法

那就是——**祈求完全交託。**

完全交託，顧名思義就是「將一切託付出去」。

將所有的一切交給某種偉大力量，接受其引導。

因此，祈求完全交託並不是指「希望這次考試順利」或「希望生意談成」這樣的祈求。

那是怎麼樣的祈求呢？

祈求引導。

就只是這樣而已。

因爲**祈求完全交託就是將所有的一切交給某種偉大力量並託付給祂**，最根本之處有著這樣的覺悟。

自己的人生正受到某種偉大力量引導。

這個偉大力量一定會將我的人生引導到最好的方向。
因此，即使祈求完全交託的結果，
將我帶到與自己所想完全不同的方向，
這也是具備深遠智慧的偉大力量給我的引導。
只要我能深刻思考這份引導背後的意義，
並認眞面對途中的問題與逆境，
盡我的全力，期勉自己獲得更多成長，
一定能走向美好人生的道路。

因此，祈求完全交託和祈求願望是不一樣的，不會在心裡產生**「如果祂聽不見這個願望怎麼辦？」**等不安或擔心的負面想法。

也就是說，當我們祈求完全交託時，就算祈求後還是無法解決面前棘手的問題、還是一樣面臨嚴峻的逆境，我們也不會因此失望。因爲一切都會連結到使自己獲得成長，心中也做好了人生不能重來、要努力向前邁進的準備。因此這可說是**讓心中充滿終極正面想法的祈求方法**。

當我們把祈求完全交託當作每天的日常習慣，並抱持以下五個覺悟，我們的人生就會神奇地受到引導，很不可思議地在必要的時候，得到最好的安排。

- 自己的人生正受到某種偉大力量的引導。
- 人生中所有際遇都有深遠的涵義。
- 人生中所有問題的原因都在自己。
- 某種偉大力量正在磨練自己。
- 克服逆境的智慧都是被賦予的。

在漫長的人生道路上，「我會在必要的時候得到最好的安排」這件事會**內化**成爲日常生活的一部分。到了那個時候，**就不需要思考如何吸引好運，甚至**

會到達不需要意識到運氣這個詞的境界。

因爲無論人生發生怎麼樣的狀況，

某種偉大力量都一定會將我們的人生引導到好的方向。

因爲這個偉大力量，就是存在於我們內心最深處的眞我，

也就是原本的我。

了解這個事實之後，自古流傳至今的這句智慧之語將會深深烙印在你心深處：

人生中所發生的一切，都是好事。

結語

提升運氣，磨練心志

最後，我想在結語裡爲各位複習一下本書的內容。

要如何在人生中吸引好運呢？

想要吸引好運，就必須了解一個法則。

那就是：**我們的內心會吸引與其產生共鳴的事物**。

尤其是無意識裡的想法，更是會強烈吸引與其產生共鳴的事物。

所以，如果想要吸引好運，就必須讓無意識裡充滿正面想法。

也因爲如此，古今中外許多跟運氣相關的書籍或文獻裡，都可以找到各種讓無意識世界充滿正面想法的方法。

其中又有許多書籍特別強調在表面意識抱持正面想法、進而滲透到無意識的各種方法。

但其實這些方法並不容易實行，也不太能發揮效果。

原因就在於，即使我們希望正面想法滲透到無意識裡，但無意識裡原本就存在著許多負面想法，如果不先消除這些負面想法，只會讓正面想法一直消失。

此外，就算表面意識抱持著強烈的正面想法，卻因爲無意識具備了兩極性質，反而會讓無意識裡產生負面想法。

因此，如果想要吸引到好運氣，與其用盡各種**心理層面的方法**，試圖將正面想法帶進無意識之中，不如**從根本改變看待事物的心態**，善用在無意識裡自然而然消除負面想法的方法。

那麼，要如何從根本改變看待事物的心態呢？

答案就是本書所說的三個方法，也就是「修正人生中的習慣」「改變對人生的詮釋」「參透對人生的覺悟」。做法就是本書提到的「三個習慣」「五個詮釋」及「五個覺悟」。

第一、修正習慣：淨化無意識裡的負面想法

習慣①　委身於大自然的偉大淨化力

習慣②　活用潛藏於語言的淨化力

習慣③　運用和解念頭的淨化力

第二、重新詮釋：翻轉人生的負面經驗

詮釋①　察覺自己的生命中其實有很多成功經驗

詮釋②　察覺自己是運氣很好的人

詮釋③　察覺過去的失敗經驗，其實就是成功經驗

詮釋④　對於自己的幸運人生心存感恩

詮釋⑤　察覺生命中被賦予的最極致成功經驗

第三、參透覺悟：學習最極致的正面人生觀

覺悟①	相信自己的人生受到某種偉大力量引導
覺悟②	思考人生中發生的一切都有其深遠涵義
覺悟③	接受人生中所有問題都因自己而起
覺悟④	接受並相信某種偉大力量正在磨練自己
覺悟⑤	深信所有帶領我們克服逆境的智慧都是被賦予的

看完本書介紹的方法，各位有什麼感想呢？

相信各位應該能從書中感受到完全不同於其他運氣相關書籍或文獻的想法吧。

若是如此，就達到了我撰寫本書的目的。

非常感謝有機會與各位讀者結緣。

接著，我想再和各位聊聊完全不同於其他書籍的想法是什麼意思。

本書在最前面的篇幅裡使用了二元對立的說明方式，例如：

- 正面想法和負面想法。
- 正面的事物和負面的事物。
- 幸運的事情和不幸運的事情。
- 好運和壞運。

雖然我一開始使用二元對立的方式進行說明，但本書的目的並非藉此來肯定一方，否定另一方。

本書所要傳達的，並不在於讓大家否定負面想法、負面的事物或不幸運的事情，而是一**種完全肯定的觀念，也就是人生中本來就沒有所謂負面想法、負面的事物或不幸運的事情存在。**

因爲一直停留在二元對立的話，不論表面意識在心裡描繪多少正面想法、正面的事物或幸運的事情，無意識裡一定會發生正面想法和負面想法的分離，並從中產生負面想法、負面的事物或不幸運的事情。這就是**二元對立觀念的局限**。

那麼，絕對肯定的觀念又是什麼呢？

這個觀念就是：

人生中本來就沒有所謂負面的想法、負面的事物。

也就是說：

人生中所有際遇與邂逅，

不管看似如何負面，

但站在使我們的內心或靈魂獲得成長的意義來看，都一定有其深層的含意。

以上觀念絕非我個人的特殊主張。意義治療心理學之父、奧地利心理學家維克多．弗蘭克（Viktor Emil Frankl），因爲猶太人身分在二次大戰期間被送往集中營，雙親及妻子都因爲營裡慘無人道的折磨而離世。他本人也差點因此喪命，在九生一死中得以生還。

雖然歷經了這麼多苦難，但他仍然向世人傳遞「肯定人生中所有際遇」這樣的觀念，就像他在之後出版的著作《向生命說ＹＥＳ！》一樣。

德國哲學家尼采在自傳《瞧！這個人》中提到了**永劫回歸**這個觀念。尼采認爲，即使不斷輪迴、不斷重複完全相同的人生，也要完全接受並肯定人生中所遭遇的痛苦與煩惱。

這種絕對肯定的觀念不只存在於弗蘭克和尼采等西方思想。在日本文化中，佛教僧侶**親鸞**創立的淨土眞宗的教義之一**「惡人正機」**也有「惡人尚且往生，何況善人」的觀念④。

而我所說的絕對肯定概念，其實就與弗蘭克、尼采和親鸞的**「肯定人生」**觀念是相通的。

也就是說，絕對肯定這個觀念，所說的並非經過二分法之後產生正面與負面兩種層面之中的正面事物，而是絕對肯定**包含**正面與負面的一切事物這層涵義下的**終極正面概念**。

一般人很難體悟弗蘭克和尼采所說的「絕對肯定」這種極致觀念。因此本書試著在第五章和第六章以人人都能理解，也更容易實踐的方法，介紹如何肯

---

④阿彌陀佛之本意爲度人往生，無論善類、惡類皆當救度。

定人生中一切事物的「五個詮釋」和「五個覺悟」。

當你開始實踐這些方法，體悟到原本就不存在正面和負面想法這種對立，也沒有所謂幸運的事情和不幸運的事情這種差別，這就是體悟了絕對肯定的觀念之後，就會自然發現的一個事實。

這個事實就是：**人生中本來就沒有所謂的好運和壞運**。

沒錯。如果我們掌握了絕對肯定的觀念，好運和壞運這種二元對立的觀念也會跟著消失，因此運氣這個詞也就消失了。

雖然本書是以「如何在人生中吸引『好運』？」這個疑問作為起頭，但當我們越是了解運氣的本質，就越會發現運氣這個詞彷彿海市蜃樓一樣慢慢消失了。

容我再說明一次原因。

每個人都希望在人生中吸引到好運。

但因為無意識裡有**吸引力法則**，因此為了吸引好運，就必須消除無意識裡的負面想法、使其充滿正面想法才行。

但無意識同時也具備**兩極性質**，當我們試著將正面的想法帶入無意識，就會產生完全相反的負面想法。

那要，怎麼做才能讓無意識裡不要產生負面想法呢？

要達到這個目的，就必須了解這裡所說的正面想法，並非肯定一方而否定另一方的「二元對立式」的正面想法，而是要**肯定所有人生中遇到的事物，也就是以絕對肯定的角度來看待世事的正面想法**。

只要藉由不斷修行，學習這種終極的正面想法，好運和壞運這種二元對立的說法自然也就會消失。

雖然好運這種說法消失了，但我們最初追求的東西並不會消失。

因爲到了那個時候，

你會發現當初追求的那樣東西已經在自己手上。

因爲心中抱持著終極的正面想法，無論人生中遇到多麼嚴苛的逆境，都能讓你連結到自己的成長，得以繼續向前邁進。

因爲終極的正面想法，就是能讓你吸引更多人想要聚集在你身邊的人格特質。

這個謙虛態度及莫大喜悅，會讓你對人生中認識的每一個人抱持感恩的心。

終極的正面想法會讓你在人生中遇到任何事情時，都有智慧得以找出蘊含於其中的深遠涵義。

因爲有大智慧，讓你懂得感恩，對人生中遇到的每一個人提供鼓勵與支持。

終極的正面想法讓你不會感覺限制或壓抑，得以充分發揮自己的才華。

這才是我們眞正想要追求的，不是嗎？

我們想追求的，並不是希望吸引好運。

我們想追求的，是開拓人生。

覺察這件事之後，你的生命視野就完全不同了。

當你懷抱並正視終極的正面想法，你的生命視野就開始發光、發熱。

因爲**在我們面前展開的生命視野，忠實地反映出我們內心的眞正樣態**。

若我們追求終極的正面想法，**拭去心中的負面想法、不安或恐懼、不滿或憤怒、厭惡或憎恨等陰霾，並持續磨練心志，自然就會散發光芒，閃耀發光**。

內心的眞實樣貌所映照出的生命視野，會散發出閃耀的光芒，這是自然法則。

若是如此，若不想僅止於吸引好運，而希望開拓人生，應該怎麼做呢？

只要專注於磨練心志，持續不斷地磨練心志。

這個行爲一定會將人生中所需，在必要的時刻，以超乎想像的方式吸引而來。

只要我們不斷磨練心志，就能與存在於內心深處的世界進行聯繫。我們的內心深處，存在著一個超越自我無意識、超越集體無意識，與零點能量場相互聯繫的超時空無意識。

雖然目前科學還無法解釋超時空無意識的存在，但如果它眞的存在，那一定是人類數千年歷史以來被稱爲神、佛、上天的存在。

這個世界正是眞我，也就是原來的我。

以各種不可思議的型態引導著我們的人生的，其實就是我們自己。

每當思考這件事時，我心中就會浮現印度哲學家克里希那穆提（Jiddu Krishnamurti）說過的一句話：

你是什麼，世界就是什麼。

你就是世界。

Eurasian Publishing Group
圓神出版事業機構
用心與你對話．視野無限寬廣
方智出版社
Fine Press

www.booklife.com.tw　reader@mail.eurasian.com.tw

自信人生 170

運氣是可以鍛鍊的：
工學博士37年親身實證！淨化心靈的3大技術

作　　者／田坂廣志
譯　　者／龔婉如
發 行 人／簡志忠
出 版 者／方智出版社股份有限公司
地　　址／臺北市南京東路四段50號6樓之1
電　　話／（02）2579-6600．2579-8800．2570-3939
傳　　真／（02）2579-0338．2577-3220．2570-3636
總 編 輯／陳秋月
副總編輯／賴良珠
主　　編／黃淑雲
責任編輯／溫芳蘭
校　　對／陳孟君．溫芳蘭
美術編輯／李家宜
行銷企畫／陳禹伶．朱智琳
印務統籌／劉鳳剛．高榮祥
監　　印／高榮祥
排　　版／莊寶鈴
經 銷 商／叩應股份有限公司
郵撥帳號／ 18707239
法律顧問／圓神出版事業機構法律顧問　蕭雄淋律師
印　　刷／祥峰印刷廠
2021年2月　初版
2024年4月　3刷

定價 310 元　ISBN 978-986-175-576-2　
　Printed in Taiwan

你本來就應該得到生命所必須給你的一切美好！
祕密，就是過去、現在和未來的一切解答。

——《The Secret 祕密》

國家圖書館出版品預行編目資料

運氣是可以鍛鍊的：工學博士37年親身實證！淨化心靈的3大技術 / 田坂廣志著；龔婉如譯. -- 初版. -- 臺北市：方智出版社股份有限公司, 2021.02
224面；14.8×20.8公分 --（自信人生；170）
譯自：運気を磨く：心を浄化する三つの技法
ISBN 978-986-175-576-2（平裝）
1. 人生哲學 2. 自我實現 3. 成功法
191.9　　109020870